calma aí,

P*RRA!

calma aí, P*RRA!

como controlar o que você pode, aceitar o que não pode, parar de surtar e seguir sua vida

sarah knight

ALTA LIFE
EDITORA
Rio de Janeiro, 2019

Calma aí, P*rra! -Controle o que você pode, aceite o que não pode, pare de surtar e siga com a vida
Copyright © 2019 da Starlin Alta Editora e Consultoria Eireli. ISBN: 978-85-508-1014-0

*Translated from original Calm The F*ck Down. Copyright © 2018 by Sarah Knight. ISBN 978-0-316-52915-0. This translation is published and sold by permission of Hachette Book Group the owner of all rights to publish and sell the same. PORTUGUESE language edition published by Starlin Alta Editora e Consultoria Eireli, Copyright © 2019 by Starlin Alta Editora e Consultoria Eireli.*

Todos os direitos estão reservados e protegidos por Lei. Nenhuma parte deste livro, sem autorização prévia por escrito da editora, poderá ser reproduzida ou transmitida. A violação dos Direitos Autorais é crime estabelecido na Lei nº 9.610/98 e com punição de acordo com o artigo 184 do Código Penal.

A editora não se responsabiliza pelo conteúdo da obra, formulada exclusivamente pelo(s) autor(es).

Marcas Registradas: Todos os termos mencionados e reconhecidos como Marca Registrada e/ou Comercial são de responsabilidade de seus proprietários. A editora informa não estar associada a nenhum produto e/ou fornecedor apresentado no livro.

Impresso no Brasil — 1ª Edição, 2019 — Edição revisada conforme o Acordo Ortográfico da Língua Portuguesa de 2009.

Publique seu livro com a Alta Books. Para mais informações envie um e-mail para autoria@altabooks.com.br

Obra disponível para venda corporativa e/ou personalizada. Para mais informações, fale com projetos@altabooks.com.br

Produção Editorial Editora Alta Books	Produtor Editorial Juliana de Oliveira	Marketing Editorial marketing@altabooks.com.br	Vendas Atacado e Varejo Daniele Fonseca Viviane Paiva comercial@altabooks.com.br	Ouvidoria ouvidoria@altabooks.com.br
Gerência Editorial Anderson Vieira		Editor de Aquisição José Rugeri j.rugeri@altabooks.com.br		
Equipe Editorial	Adriano Barros Bianca Teodoro Carolinne Oliveira Ian Verçosa Illysabelle Trajano	Kelry Oliveira Keyciane Botelho Larissa Lima Laryssa Gomes	Leandro Lacerda Livia Carvalho Maria de Lourdes Borges Paulo Gomes	Raquel Porto Thales Silva Thauan Gomes Thiê Alves
Tradução Edite Siegert	Copidesque Carolina Gaio	Revisão Gramatical Fernanda Lutfi Luciano Gonçalves	Diagramação Joyce Matos	

Erratas e arquivos de apoio: No site da editora relatamos, com a devida correção, qualquer erro encontrado em nossos livros, bem como disponibilizamos arquivos de apoio se aplicáveis à obra em questão.

Acesse o site www.altabooks.com.br e procure pelo título do livro desejado para ter acesso às erratas, aos arquivos de apoio e/ou a outros conteúdos aplicáveis à obra.

Suporte Técnico: A obra é comercializada na forma em que está, sem direito a suporte técnico ou orientação pessoal/exclusiva ao leitor.

A editora não se responsabiliza pela manutenção, atualização e idioma dos sites referidos pelos autores nesta obra.

Dados Internacionais de Catalogação na Publicação (CIP) de acordo com ISBD

K69c   Knight, Sarah

calma aí, P*RRA! Controle o que você pode, aceite o que não pode, pare de surtar e siga com a vida / Sarah Knight ; traduzido por Edite Siegert. - Rio de Janeiro : Alta Books, 2019.
304 p. : il. ; 14cm x 21cm.

Tradução de: calm the F*CK down
Inclui índice.
ISBN: 978-85-508-1014-0

1. Autoajuda. 2. Autocontrole. 3. Equilíbrio. I. Siegert, Edite. II. Título.

2019-1417   CDD 158.1
               CDU 159.947

Elaborado por Vagner Rodolfo da Silva - CRB-8/9410

Rua Viúva Cláudio, 291 — Bairro Industrial do Jacaré
CEP: 20.970-031 — Rio de Janeiro (RJ)
Tels.: (21) 3278-8069 / 3278-8419
www.altabooks.com.br — altabooks@altabooks.com.br
www.facebook.com/altabooks — www.instagram.com/altabooks

Também de Sarah Knight

A MÁGICA TRANSFORMADORA DO F*

GET YOUR SH*T TOGETHER

YOU DO YOU

GET YOUR SH*T TOGETHER JOURNAL

Sobre a Autora

O primeiro livro de Sarah Knight, *A Mágica Transformadora do F*,*
foi publicado em mais de 20 idiomas e seu TEDx talk, "A Mágica do
F*", tem mais de quatro milhões de visualizações. Todos os livros
de sua série No Fucks Given Guides são best-sellers internacionais,
incluindo *Get Your Shit Together*, que esteve na lista de best-sellers
do *New York Times* por 16 semanas. Seus artigos foram publicados
na *Glamour, Harper's Bazaar, Marie Claire, Red, Refinery29,* e outras.
Depois de deixar seu emprego para se dedicar à atividade de free-
lancer, ela se mudou do Brooklyn, Nova York, para a República
Dominicana, onde mora atualmente com o marido, dois gatos
adotados e um montão de lagartos.

Você pode saber mais e assinar sua newsletter em nofucksgi-
venguides.com (conteúdo em inglês), seguir Sarah no Twitter e
Instagram @MCSnugz, e seguir os livros @NoFucksGivenGuides
(Facebook e Instagram) e @NoFucksGiven (Twitter).

Sumário

Sobre a Autora **vii**

Uma nota sobre o título **3**

Introdução **5**

   Merdas acontecem **7**

      Eu, preocupado? **11**

      Não consigo lidar com essa merda. (Ou consigo?) **15**

ENTÃO VOCÊ ESTÁ SURTANDO: Reconheça o verdadeiro problema e controle sua reação

   Qual parece ser o problema? **30**

      Tudo é uma tarântula **32**

      A evolução de um surto **33**

   As Quatro Faces do Surto **36**

      Síndrome do Aeroporto Mexicano **43**

      Pesquisas constatam: Vocês são um bando de malucos **45**

   Bem-vindo ao Outro Lado **46**

Os Fundos do Surto **48**

    TEMPO **49**

    ENERGIA **50**

    DINHEIRO **50**

    3 formas de desperdiçar tempo, energia e dinheiro pensando demais **51**

O Quarto Fundo **53**

    BOA VONTADE **54**

    Tomada quente, em um instante! **56**

Descongestionamento mental e a pergunta que decide tudo **59**

    A Pergunta que Decide Tudo **61**

    Posso controlar isso? **61**

O seu cérebro e os filhotes **61**

    Lembrete **63**

CALMA AÍ, P*RRA!: Identifique o que você pode controlar, aceite o que não pode e saia da merda

Escolha uma categoria, qualquer uma **69**

    Posso minimizar a merda? **74**

    Logigatos, oba! **75**

Reunindo os merdacões: A lista **75**

    Legenda **78**

Qual é seu status? **84**

Exemplos de merdacões remotos **84**

Exemplos de merdacões iminentes **85**

Maior a quantidade, maior a dificuldade **86**

Exemplos de merdacões totais **86**

Se correr, o bicho... **89**

Controle seus surtos **91**

Com que merda as pessoas na minha timeline do Twitter estão preocupadas? Elas podem controlá-la? **95**

Se a resposta for não, é assim que você vai deixar o problema de lado **99**

Banho de realidade, por favor! **100**

Caia na real **101**

Opção 1: Deixa pra lá, p*rra **103**

Opção 2: Dê uma de Houdini com essa merda **105**

Como parar de ficar ansioso sobre algo **106**

O você de hoje à noite encontra o você de amanhã **108**

Como parar de ficar triste com alguma coisa **112**

Outros meios de reduzir a ansiedade que não inventei, mas que funcionam **112**

5 coisas com que parei de me preocupar enquanto comia uma barra gigante de Snickers **113**

Como parar de ficar zangado por alguma coisa **114**

Como parar de fugir de algo **115**

5 formas de vingança divertidas de pensar **115**

Opção Secreta C   **117**

    Preocupação Eficaz Útil e Produtiva (PEUP)   **119**

Mandando um merdacão para o mar   **122**

    Houston, temos um medo irracional.   **127**

    Oi, me chamo Sarah e sofro de um transtorno mental. (Na verdade, mais de um!)   **129**

A calma antes do merdacão   **130**

Puxa, hoje li as notícias   **138**

Revirando a merda   **142**

    Essa não foi uma dose de calmante   **144**

Adoro quando um plano dá certo   **147**

    Categorizando primas   **148**

LIDE COM O PROBLEMA: Enfrente o que *pode* controlar

Me inclua nessa   **158**

Os três princípios para lidar com o problema   **161**

    Avalie a situação   **163**

    E-ses para o bem e não para o mal   **165**

    Identifique seu resultado ideal realista (RIR)   **166**

    Triagem   **168**

Dobre-se! (o princípio do bônus) **172**

    Afinal, de quem é a culpa? **174**

Chegando! **175**

    Está tudo na sua cabeça **177**

Merdacões totais: O catálogo de terror **179**

    Merda relativamente indolor **180**

    5 coisas que pode fazer acidentalmente não tão ruins quanto não mandar cco para mais de 100 pessoas no e-mail do trabalho **184**

    Merda chata **186**

    Dormiu, sumiu (seu carro) **187**

    Merda Realmente Pesada **193**

Para você, Bob **208**

ESCOLHA SUA AVENTURA: Quando a merda acontecer, como se acalmar, porra, e lidar com ela?

Epílogo **269**

Agradecimentos **279**

Índice **283**

calma aí,
P*RRA!

Uma nota sobre o título

Este é um livro sobre ansiedade — do ruído branco dos "e se" ao branco incandescente do terror diante de uma crise violenta. Assim, eu o perdoo por pensar que sou a maior babaca do mundo por escolher esse título, já que todos sabem que a primeira de uma longa lista de coisas inúteis a dizer para uma pessoa em crise de ansiedade é: "Calma aí, P*rra!"

De fato, quando estou nervosa e alguém diz para eu me acalmar, quero matá-lo depressa ali mesmo. Então, entendo como você se sente.

Mas este também é um livro sobre problemas — todo mundo tem — e **acalmar-se é exatamente o que você precisa fazer para *solucionar* todos eles**. As coisas são como são. Assim, se ele evitar que você desconte em todos que o cercam, saiba que nestas páginas digo "Calma aí, porra!" do mesmo jeito que disse: "Arrume a sua merda" no <ahmm!> best-seller do *New York Times* com o mesmo nome [Get your shit together] — não para envergonhá-lo ou criticá-lo, mas para motivá-lo e estimulá-lo.

3

Juro que minha intenção é só essa. (E que não sou a maior babaca do mundo; esse mérito é do cara que inventou a vuvuzela.)

Estamos entendidos? Ótimo.

Mais um detalhe antes de mergulharmos nesse mar de maravilhas de redução de ansiedade e solução de problemas: **sei qual é a diferença entre *ansiedade*, o transtorno mental, e *ansiedade*, o estado de espírito temporário.** Sei disso, porque eu mesma sofro de Transtorno de Ansiedade Generalizada e de Crises de Pânico. (Gente, escrevam sobre o que vocês sabem!)

Assim, embora um livro de autoajuda cheio de palavrões não substitua um atendimento médico especializado, se você escolheu *Calma aí, P*rra!* por estar eterna e clinicamente ansioso como eu, nele você encontrará dicas, truques e técnicas para ajudá-lo a lidar com essa merda, o que lhe permitirá **resolver os problemas que alimentam sua ansiedade, para começar.**

Mas talvez você não sofra — ou não sabe, ou não está pronto para admitir que sofre — de *ansiedade*, o transtorno mental. Talvez você só fique temporariamente ansioso quando a situação exige (veja: o terror branco incandescente de uma crise violenta). Não tenha medo! ***Calma aí, P*rra!* lhe oferecerá várias ferramentas de controle de calamidades para momentos estressantes.**

E, talvez, mais algumas dicas, truques e técnicas para lidar com essa coisa que você não sabe ou não está pronto para admitir que tem.

Só querendo ajudar...

Introdução

Vamos dar o pontapé inicial com algumas questões:

- Quantas vezes por dia você se pergunta: *E se?*, como em: *E se X acontecer? E se Y não der certo? E se Z não sair como eu quero/espero/preciso?*

- Quanto tempo você gasta preocupando-se com algo que ainda não aconteceu? Ou com algo que não só não aconteceu, mas provavelmente não vai acontecer?

- E quantas horas você perdeu surtando sobre algo que *já* aconteceu (ou evitando o surto, enquanto um pânico latente toma conta de sua alma) em vez de simplesmente encarar o fato?

Tudo bem ser sincero — não quero envergonhá-lo. Na verdade, vamos começar por mim!

Minha resposta é: *muitas vezes, o tempo todo e CENTENAS de vezes*. Suponho que você diga a mesma coisa, pois, se sua resposta fosse *nunca, nenhuma vez e ZERO*, não teria motivos para ler este livro (tampouco, posso acrescentar, eu teria as qualificações conseguidas a duras penas para escrevê-lo).

Bem, trago boas notícias.

Quando terminarmos, da próxima vez em que se vir diante de uma crise de *e-ses* — sejam ansiedades hipotéticas ou problemas reais, que precisem de solução —, em vez de se preocupar a ponto de ter um ataque de pânico, chorar o dia todo, socar a parede ou fugir até que as coisas piorem, você terá aprendido a substituir a natureza indefinida dessa questão improdutiva por algo mais **lógico, realista e viável:**

OK, E AGORA?

Agora, você lidará com o problema, seja ele qual for.

Mas não vamos pôr a carroça na frente dos bois — por ora, começaremos pelo básico:

Merdas acontecem

Cara, e como. E quando penso em toda a merda que poderia ou provavelmente aconteceria comigo algum dia, lembro-me de uma letra de um gênio da música e *gangsta* espiritual que já partiu, o primeiro, o único, Prince (RIP):

"Queridos Amados, estamos reunidos aqui hoje para passar por essa coisa chamada vida."

O Rapaz da Chuva Púrpura tinha opiniões suspeitas sobre muitas coisas — entre elas, religião, tecidos de bom gosto e relacionamentos com pares de idade adequada —, mas, nesse quesito, ele era perfeito. Cada manhã em que acordamos e passamos aos trancos e barrancos por essa bomba-relógio chamada Terra, nosso objetivo é chegar ao fim do dia. Alguns de nós estão atrás de algo mais, como sucesso, um pouco de descontração ou uma palavra gentil de alguém querido. Outros só torcem para não serem pegos por traição. (Enquanto alguns de nós esperam todos os dias que *outra pessoa* seja pega por traição!)

E, embora cada ciclo de 24 horas traga a oportunidade para que coisas boas aconteçam — seu empréstimo seja aprovado, sua namorada lhe proponha casamento, suas meias combinem **—, também há a chance de que um grande monte de merda quentinha aterrisse em seu colo.** Sua casa pode ser penhorada, sua namorada, terminar o relacionamento, suas meias, serem

Introdução   7

escolhidas como um recipiente de lã para seu gato vomitar. Isso sem mencionar a possibilidade de ocorrerem terremotos, tornados, golpes militares, acidentes nucleares, redução da produção mundial de vinho a níveis baixíssimos e todos os tipos de desastres que podem acontecer a qualquer momento e realmente ferrar sua vida. Principalmente essa coisa do vinho.

É assim que a vida funciona. Prince sabia. Você sabe. E isso é exatamente tudo que você e Prince têm em comum.

Então, aí vai outra pergunta: **Quando a merda acontece, como você reage?** Fica paralisado ou surta? Se tranca no banheiro e chora, ou olha para o céu e uiva de raiva? No meu caso, finjo que a merda *não* está acontecendo, enterro a cabeça no travesseiro com a bunda virada para cima, na posição que chamo de "avestruz".

Infelizmente, embora esses mecanismos de defesa até consolem, nenhum é particularmente produtivo (e digo isso como inventora de um deles). No final, você terá que parar de surtar e lidar com sua merda e — pasme — **é difícil tomar decisões e solucionar problemas quando você está em pânico, soluçando ou gritando, ou quando todo seu sangue lhe subiu à cabeça.**

Motivo pelo qual você realmente precisa, antes de mais nada, **se acalmar, porra!**

Sim, você.*

---

* Se seu dia estiver ótimo, com o sol brilhando, os pássaros cantando, e tudo estiver bem com sua minúscula parte da bomba-relógio rotativa, você provavelmente *não* precisa se acalmar, porra nenhuma. Parabéns. Saia, aproveite. A merda não vai demorar a acontecer, e eu estarei esperando.

Todos já passamos por isso. Eu simplesmente continuo afirmando que a maioria de nós pode aprender a lidar um pouco melhor com essas situações. Falando nisso: quase todos temos um amigo, parente ou parceiro cuja reação negativa inevitável às nossas crises é: "Não se preocupe, tudo vai ficar bem." Ou pior: "Ah, não é tão ruim assim."

Ao que eu digo — bobagem. É fácil disparar chavões bem-intencionados quando se é um mero espectador. **Neste livro, lidaremos com a realidade, não amenidades.**

A verdade é:

Sim, às vezes, as coisas ficarão bem. Você passa no teste, o tumor é benigno, Linda responde à mensagem.

Mas, às vezes, não. O rendimento dos investimentos cai; amizades se desfazem; em uma eleição de consequências monumentais, milhões de pessoas votam no cara do muro de rosto laranja.

Em alguns casos, não é tão ruim assim, e você está *exagerando*. Você criou uma crise imaginária em sua cabeça e permitiu que ela alimentasse sua ansiedade como um espírito perverso depois do anoitecer.

Mas, em outros casos, É RUIM MESMO, CARA, e você aí? Você *não faz nada*. Você é como o cachorro dos quadrinhos, sentado à mesa tomando café enquanto a casa se incendia, e pensando: *Tudo bem. Está tudo bem.*

Introdução **9**

E, claro, quando seu amigo/parente/parceiro diz que "tudo vai ficar bem", provavelmente só está tentando te ajudar. Mas, se você estiver fazendo uma tempestade em um copo d'água, ou ignorando por tanto tempo o problema que metaforicamente incendeia sua casa, eu *realmente* o ajudarei. É isso que eu faço.

Assim começa o seu curso em se acalmar, porra!

Lição n° 1: Simplesmente achar que as coisas vão ficar bem ou não estão tão ruins pode fazer com que você se sinta melhor, mas não solucionará o problema. (E, muitas vezes, nem faz você se sentir melhor — mas o deixa com a sensação de não ser merecedor de felicidade. Ah, nem comece.)

Seja como for, isso não muda absolutamente nada!

Lição n° 2: Quando a merda acontece, as circunstâncias são o que são: pneus furam, punhos quebram, arquivos são deletados, hamsters morrem. Você pode ficar frustrado, ansioso, magoado, zangado ou triste — mas como você está bem no meio do problema, a única coisa que pode controlar nessa equação é VOCÊ e a sua reação.

Lição n° 3: Para sobreviver e prosperar nesses momentos, você precisa RECONHECER o que aconteceu, ACEITAR as partes que não pode controlar e LIDAR com as que pode.

Quanto a esta última, você já ouviu a Prece da Serenidade — você sabe, a que fala de **aceitar as coisas que não pode mudar e ter a sabedoria para reconhecer a diferença**? *Calma aí, P*rra!* é basicamente uma versão irreverente e longa dela, acompanhada de fluxogramas e coisa e tal.

Se você topa esse tipo de coisa, vamos nos dar muito bem.

Eu, preocupado?

Se você escolheu este livro em busca de orientação, então imagino que se preocupar com merda — antes ou depois que aconteça — é um problema para você. Então, aqui vai uma mini lição: **"preocupar-se" tem dois significados separados, mas relacionados.** Além de ficar ansioso e surtar sobre seu problema, "preocupar-se" também significa constantemente remexer, cutucar, revirar e piorá-lo.

É como notar que seu suéter tem um fio solto, talvez o começo de um furo. E é natural querer puxá-lo — você sente o tamanho do problema, mede seu impacto potencial. *A coisa está ruim? O que posso fazer a respeito?*

Mas se você continua puxando — repuxando, arrancando e remexendo **em vez fazer algo para consertá-lo** — de repente vê que desfiou toda a manga, surta, e tanto seu estado de espírito quanto seu suéter ficam em frangalhos. Já vi pilhas menores de fios em um Café de Gatos.

Quando você é dominado por esse estado de espírito, não só está preocupado *com* algo: está *vivendo a preocupação*. **E, em ambos os sentidos, viver a preocupação piora o problema**.

Essa série de eventos desagradáveis se aplica a tudo, **de preocupações que causam uma leve ansiedade àquelas que precedem surtos intensos**. Parte dessa ansiedade e desses surtos se justifica — como *e se eu ficar sem gasolina à noite em uma estrada no deserto?* Mas parte, não — como *e se Linda estiver zangada comigo? Sei que ela viu a mensagem que mandei ontem, mas não a respondeu. LINDA, POR QUE VOCÊ NÃO RESPONDEU???*

Você está com sorte, porque vou lhe mostrar como lidar com TODAS as suas preocupações — **como aceitar as que não pode controlar, e como agir de modo produtivo em relação às que pode**.

Eu o chamo de **Método sem Preocupações**, que se baseia no mesmo conceito que sustenta todo o meu trabalho — **"descongestionamento mental"** — e consiste de dois passos:

Passo 1: Calma aí, porra!

Passo 2: Lide com o problema.

Parece promissor, não?

Ou parece excessivamente simples, como se eu não tivesse condições de ajudá-lo? Escutei isso, viu, mas "excessivamente simples, *porém* muito útil" é o meu negócio, então talvez você deva ler mais umas duas páginas antes de decidir.

Por ora, vamos voltar às perguntas que você já admitiu não conseguir parar de fazer a si mesmo:

E se X acontecer?

E se Y der errado?

E se Z não acontecer como eu quero/preciso/espero?

O "X" com que você está preocupado pode ser qualquer coisa, de ficar menstruada no dia de um primeiro encontro à morte prematura da pessoa amada. O "Y" pode ser a defesa de sua tese ou o trem de aterrissagem do seu voo de conexão para o Rio de Janeiro. O "Z" pode ser uma entrevista de emprego, um teste de direção ou uma aposta muito grande que fez no nome do novo bebê real. (Sei, é uma vergonha de 50 reais eles não terem escolhido Gary.)

No fim, não importa quais exatamente são seus "e ses" — só que eles existem e ocupam um espaço grande/pequeno/exagerado na sua mente em determinado dia, desmanchando seu suéter metafórico carreira por carreira. Assim, é uma boa ideia observar o seguinte:

Lição n° 4: É provável que grande parte dessa merda nunca ocorra.

Lição n° 5: Você pode evitar parte dela e reduzir um pouco os efeitos do resto.

Lição nº 6: Parte dela está e sempre esteve totalmente fora de seu controle e presa nas garras de aço de Sua Majestade, Rainha Elizabeth II. Aguente o tranco, aprenda a lição e siga em frente.

Ei, não estou julgando ninguém. Estou do seu lado (daí a qualificação duramente conquistada para escrever este livro).

Fui campeã de preocupações durante toda a minha vida. *E ses* giram dentro da minha cabeça como peixes em um mar psicodélico de alucinógenos. Surtei sobre merda que não aconteceu. Fico obcecada com merda que pode ou não ocorrer. E, quando a merda acontece, tenho uma capacidade incrível de surtar por causa dela.

Nos últimos anos, porém, encontrei meios de reduzi-las. Não estou totalmente livre das preocupações, mas estou menos ansiosa e não fico mais, digamos, paralisada pelo medo e/ou levada à beira da loucura por expectativas não atendidas e uma fervilhante sensação de injustiça. É um progresso.

É surpreendente como é bom e o quanto realizei com uma mudança de atitude relativamente simples — **aceitar a merda que não consigo controlar** —, o que me permite focar a merda que posso controlar e me deixa mais bem preparada para tomar decisões e resolver problemas no momento e depois do fato.

E até mesmo para evitar que algumas delas ocorram, para início de conversa. Maravilha!

Aprendi a parar de ruminar resultados improváveis e agir para criar outros mais prováveis. Como avançar em vez retroceder em agonia. E, fundamentalmente, **como separar minha ansiedade sobre o que** *poderia* **ocorrer do ato de lidar com isso quando** *realmente* **ocorrer**.

Você também pode aprender a fazer tudo isso, e *Calma aí, P*rra!* Vai ajudá-lo.

Pare de surtar com merda que não pode controlar.

E

Habilite-se a tomar decisões racionais.

PARA QUE VOCÊ POSSA

Resolver problemas em vez de piorá-los.

Veja como o processo transcorreu para mim durante os últimos anos e uma pequena amostra de como pode funcionar para você.

Não consigo lidar com essa merda. (Ou consigo?)

Minha mudança de atitude coincidiu com a mudança de cidade, quando meu marido e eu saímos do agitado bairro do Brooklyn, em Nova York, e fomos para uma tranquila vila de pescadores na costa norte da República Dominicana.

Eu sei, cale a *@% da boca, ok? Mas juro que esta não é uma história sobre dias ensolarados e idílicos cheios de coquetéis exóticos e praias fantásticas. Gosto deles, mas o principal benefício de morar onde moro é que o lugar me obrigou — na verdade, a água azul do mar — a me acalmar.

Introdução **15**

Durante os 16 anos anteriores em Nova York, muita coisa aconteceu: assumi altos cargos, planejei e realizei um casamento, comprei uma casa e organizei a citada mudança para a República Dominicana. Sempre fui boa em lidar com todo tipo de merda, mas não ficava particularmente calma enquanto isso.*

E quando acontecia algo para mudar o curso de minhas expectativas cuidadosamente cultivadas — bom, *pode esquecer.*

Talvez você ache que uma pessoa altamente eficaz, produtiva e organizada se adaptaria caso a situação exigisse. Mas, naquela época, eu não conseguia me desviar de meus planos sem surtar completamente — como quando um aguaceiro no dia do piquenique em comemoração ao 30° aniversário do meu marido provocou um acesso digno de *Goodbye, cruel world!*

Naquela época, eu derretia mais depressa do que um pedaço de queijo na racleteira em um jantarzinho no Brooklyn — **tornando toda a merda que eu tinha que fazer ainda mais difícil e geradora de ansiedade do que precisava ser.** Dois passos para frente, um para trás. Toda. A. Droga. Do. Tempo.

Alguma coisa tinha que acontecer, mas eu não tinha ideia do quê ou como.

O que nos traz para a tranquila vila de pescadores na costa norte da República Dominicana. Três anos atrás, eu me mudei para um lugar onde é possível deixar planejamentos totalmente de lado. Aqui, o clima tropical muda mais depressa que a lealdade no reality *Real Housewives*; as lojas fecham em horários indetermi-

---

* Onde "não ficava particularmente calma" é igual a "totalmente maluca".

16   Calma Aí, P*orra!

nados em dias da semana aleatórios; e o cara que combinou de consertar o telhado *"mañana"* pode simplesmente aparecer "uma semana depois de *mañana*" — possivelmente por causa dos temporais, ou porque não conseguiu comprar o material necessário na loja que abre apenas periódica e inconsistentemente.

Ou ambos. Ou nenhum dos dois. Quem sabe?

A vida no Caribe parece sedutoramente tranquila e legal quando você liga para o emprego exaustivo avisando que está doente e fica deitado no sofá tomando canja de galinha e assistindo à TV paga — e, de muitas formas, ela é mesmo; NÃO ESTOU ME QUEIXANDO — mas também é **frustrante para aqueles que se acostumaram com uma vida baseada em segurança e estrutura, ou que não lidam muito bem com o inesperado.**

Após algumas semanas curtindo em Hispaniola, percebi que, se continuasse presa aos velhos hábitos na nova vida, acabaria em um estado de pânico perpétuo por causa de *alguma coisa*, porque aqui *nada* acontece segundo seus planos. E ISSO anularia todo o propósito de ter saído da droga de Nova York, para começar.

Então, para mim, aterrissar na República Dominicana foi uma dose de terapia de exposição acompanhada de um drinque de água de coco e rum. Fui obrigada a relaxar e nadar com a corrente, o que provocou maravilhas em minha atitude e estoque de Xanax.

MAIS UMA VEZ, NÃO ESTOU ME QUEIXANDO.

Contudo, por experiência, concluí que não é preciso fixar raízes em uma ilha no meio do Atlântico para se acalmar, porra!

Introdução **17**

Qualquer pessoa pode conseguir — até você.

Você só precisa mudar de atitude, como fiz, e reagir aos problemas de um jeito diferente. Desse modo, também aprenderá que **realmente** *pode* **preparar-se para o inesperado**, o que ajuda muito com essa coisa de "um passo para trás".

Como é possível? Preparar-se para cada resultado em potencial não o deixaria maluco de um jeito totalmente diferente???

Bem, sim, deixaria. Mas não estou falando de garantir vários locais para a festa de 30 anos do seu marido porque "e se" chover; ou preparar três versões diferentes de uma apresentação porque "e se" o cliente parecer menos inclinado a um gráfico de pizza e mais a fim de um gráfico de barras naquele dia; ou cavar um complexo sistema de fossos ao redor do seu terreno porque "e se" as vacas agitadas do vizinho escaparem algum dia. Definitivamente, isso pode levar você à loucura de um jeito diferente. E, possivelmente, à falência.

Estou falando de **preparar-se** *mentalmente*.

É por isso que este livro o ajudará, e, então, se a merda acontecer, você terá as ferramentas para lidar com ela — **seja você quem for, more onde morar e sempre que as coisas ficarem complicadas.**

(Pssst: Isso é o que chamamos nos negócios de "antecipação".)

18   Calma Aí, P*orra!

Alguns meses atrás, depois de uma noite agradável em um exótico bar local, meu marido e eu encontramos um visitante inesperado quando chegamos em casa.

Abri o portão e segui lentamente as pedras rumo ao deck (estava escuro e eu estava um pouco alta) quando uma folha maior que o normal chamou minha atenção. Ela não parecia exatamente esvoaçar na brisa, mas... correr nela. Rapidamente, a lanterna do meu iPhone confirmou que a suposta folha amarronzada era, na verdade, uma tarântula do tamanho de um melão honeydew.

Isso. Vou lhe dar um momento para se recuperar. Deus sabe que eu precisei de um.

Agora, supondo que você não tenha jogado o livro para o outro lado do quarto de nojo (ou, pelo menos, que o tenha pegado de volta), posso continuar?

Tendo declarado minha intenção de QUEIMAR A FILHA DA PUTA caso a encontrasse na nossa casa, eu me vi diante de um dilema. Nesse momento, já tinha começado a gostar da casa. E, tecnicamente, a criatura não estava *dentro* dela. Só *perto* dela.

O que fazer? Ficar paralisada no lugar até que a coisa retornasse às profundezas desconhecidas de onde veio? Dormir com um olho aberto por toda a eternidade? Educadamente pedir à tarântula para se mandar?

Nenhuma dessas opções era realista. Então, além de gritar para o meu marido: "Vem logo dar um jeito na tarântula", não havia muito que eu *pudesse* fazer. Vivemos no meio do mato, *baby*. E, não importa quantos corretores de imóveis e colegas expatriados nos tivessem garantido que "esses caras ficam nas montanhas — você nunca vai ver um", não havia como negar o ser de sete patas que achou o caminho até nossa humilde morada ao nível do mar.

(Você leu certo. Esse cavalheiro tinha perdido um de seus pequenos membros peludos — um fato que será importante mais adiante nesta história.)

Nós *fizemos* o seguinte: meu marido agarrou uma vassoura e a usou para tirar o penetra da propriedade e guiá-lo para o meio dos arbustos do vizinho, enquanto eu fugia para dentro de casa murmurando baixinho "tudo é uma tarântula", até chegar ao andar superior em segurança e estar suficientemente dopada para dormir.

Não era totalmente "calma aí, porra", mas era um passo na direção certa. Se tivéssemos encontrado uma aranha dessas em nosso apartamento no Brooklyn, eu teria acendido um fósforo ali mesmo, mas naquele momento tive a impressão de que eu tinha sido treinada por todas aquelas chuvas de monções imprevisíveis e todos os consertadores de telhados não confiáveis: espere o inesperado! Nada acontece conforme o planejado! *SURPREEESA!!!*

Na manhã seguinte, levantamos cedo a fim de passar o dia em um passeio de barco regado a rum com amigos. (Eu sei, eu sei, cale a boca.) Cambaleei escada abaixo naquela névoa mental que antecede as 8h da manhã, e, quando me virei no patamar para o último lance de degraus, eu a vi.

Escondida atrás da cortina, que ia até o chão na sala de estar, estava a mesma tarântula que tinha sido expulsa anteriormente até uns bons 30 metros de sua posição atual. Eu sabia que era a mesma porque tinha só sete patas. E, antes que você pense que me aproximei o bastante para contá-las, lembre que *essa aranha era tão grande que não era preciso chegar perto para contar suas patas* — com as quais tinha, durante a noite, atravessado uma extensão de grama, escalado o deck e, então, SUBIDO DE NOVO ATÉ O TERRAÇO E SE ESPREMIDO ENTRE AS FRESTAS DAS PORTAS CORREDIÇAS PARA ENTRAR NA CASA.

Sei o que você está pensando. *É AGORA que você queima a filha da puta, certo?*

E, sim, minha reação instintiva foi: *Não sei lidar com essa merda.*

Mas sabe o que aconteceu? Olhando uma segunda vez, a tarântula não parecia tão ruim. **Ou, melhor, ainda era ruim, mas *eu* estava melhor.**

Por causa do nosso treino na noite anterior, eu sabia que ela não se moveria muito depressa e nem começaria a rosnar para mim. E tive que admitir que uma aranha do tamanho de um melão honeydew, que funcionava com uma pata a menos, era muito menor e menos ágil do que uma pessoa de 1,50m de altura com duas pernas intactas. (Acontece que há um motivo para que a terapia de exposição seja clinicamente aprovada.)

Ao ativar a parte lógica do meu cérebro, pude trocar o instintivo *Não sei lidar com esta merda* por um mais produtivo *Ok, bom, como vamos resolver isso, porque tenho que pegar um barco e me encharcar com muitas doses de rum.* Aquele não era o momento para ficar histérica; **surtar não resolveria o problema.**

Se quiser, lembre minha versão adaptada da Prece da Serenidade:

RECONHEÇA o que aconteceu (uma tarântula em casa)

ACEITE o que não pode controlar (tarântulas podem entrar na minha casa?!?)

LIDE com o que você *pode* controlar (tirar a tarântula da casa)

Oficialmente, eu tinha me acalmado — então era hora de lidar com o problema.

Certo, era hora de meu marido lidar com o problema, mas eu o ajudei.

Usando um jarro de plástico vazio, uma vassoura, um pedaço de papelão e nervos de aço, ele prendeu a criatura com gentileza e a manteve na mesa de jantar enquanto eu reunia protetor solar, toalhas, alto-falantes portáteis e uma garrafa extra de Barceló, porque na outra vez o capitão do barco calculou mal e, fala sério, quem quer ficar em uma praia deserta com um suprimento infinito de cocos e um finito de rum? VOCÊ PODE CONTROLAR O RUM.

Então dirigimos dois quilômetros na estrada com nosso novo amigo Lucky [sortudo] (acomodado em sua jarra de plástico), soltamos a aranha teimosa em um terreno baldio e embarcamos no SS *Mamãe Precisa de um Drinque*.

Assim, o que minha calma caribenha recém-encontrada e histórias ousadas de tarântulas têm a ver com o reconhecimento, a aceitação e o tratamento dos **seus e ses, preocupações, ansiedades e surtos?**

É uma pergunta justa.

Além de passar anos como preocupada profissional, sou atualmente uma escritora profissional de livros de autoajuda, incluindo ***A Mágica Transformadora do F*, Get Your Shit Together* e *You Do You*.** Cada um recontou aspectos da minha trajetória para me tornar uma pessoa mais feliz e mentalmente saudável, combinados com dicas práticas e profanas, todos com o mesmo objetivo.

Eles me chamam de **"antiguru"**. Não vou mentir, é um trabalho muito legal.

Coletivamente, os livros ajudaram milhões de pessoas a se livrar de obrigações trabalhosas, organizar suas vidas e assumir seus verdadeiros eus. Se você é uma dessas pessoas, quero lhe agradecer por possibilitar esse trabalho tão legal. Se chegou agora: bem-vindo! E desculpe pela história da aranha. Sei que foi desencorajador, mas esses guias fazem isso, às vezes. Você vai se acostumar.

Introdução **23**

Seja como for, estou feliz com sua presença. E, cá entre nós, acho que você tem nas mãos o mais útil de todos, já que — acho que concordamos — todos temos problemas.

Isso mesmo: você não consegue passar pela vida sem que lhe aconteça alguma merda!

Mas também: ACOMPANHADO POR UM MANUAL PARA APRENDER A LIDAR COM OS PROBLEMAS!

Em *Calma aí, P*rra!*, você vai aprender:

- As Quatro Faces do Surto (E seu Outro Lado);
- A gerenciar seus fundos de surto;
- O descongestionamento mental;
- A Pergunta que Decide Tudo;
- Como classificar seus problemas por probabilidade e priorizá-los segundo a urgência;
- A agilizar sua mente;
- O Modo Avestruz e como evitá-lo;
- A Preocupação Eficiente Produtiva Útil (PEPU);
- Os Três Princípios para Lidar com o Problema;
- Os Resultados Ideais Realistas (RIRs);
- E mais, muito mais...

Assim, se você for como eu — se alguma vez pensou *Eu não posso lidar com essa merda*, ou se você estiver se perguntando *e se?* Mais do que deveria, se preocupa demais, surta com frequência e perde tempo e energia obcecado com coisas que não pode controlar — eu posso ajudar.

Lembre-se: não estou aqui para invalidar ou minimizar sua ansiedade ou seus problemas. Eu só quero auxiliá-lo a lidar com eles, e acalmar-se é o primeiro passo. E, ao longo do caminho, juro que nunca direi "tudo vai ficar bem" ou começarei com o papo de que "não é tão ruim assim".

Qualquer coisa que esteja acontecendo em sua vida é tão ruim quanto você acha que é. Ponto-final.

Mas vou lhe dizer o seguinte:

Tenho certeza absoluta de que, se eu posso passar dez minutos em um carro com uma tarântula no colo, **você também pode se acalmar e lidar com sua merda**.

1

ENTÃO VOCÊ ESTÁ SURTANDO

Reconheça o verdadeiro problema e controle sua reação

Na parte I, estabeleceremos alguns parâmetros, começando por quais são exatamente seus problemas e quais variações de caos provocam em sua vida.

Não é FANTÁSTICO???

Depois, analisaremos a **evolução de um surto: como acontece, como ele é e o que lhe custa.** Apresentarei as **Quatro Faces do Surto e Seu Outro Lado**, e mostrarei como passar de um a outro — incluindo uma história que serve de alerta sobre a Síndrome do Aeroporto Mexicano. Prestem atenção, muchachos.

Em seguida, falaremos sobre **fundos de surtos.** Eles são recursos que você têm à disposição para evitar ou combater um surto: **tempo, energia** e **dinheiro** — eles fazem o mundo girar, principalmente quando a merda acontece. Além disso, existe o **Quarto Fundo**, que pode estar com saldo negativo há muito tempo sem que você saiba. Falaremos a respeito.

Encerrarei a Parte I explicando o conceito de **descongestionamento mental** (no geral e relacionado à questão de se acalmar); apresentando a **Pergunta que Decide Tudo**; e, finalmente, mostrando-lhe uma técnica que chamo de **"caixa de transporte emocional para filhotes"**.

Tudo isso pode parecer um pouco bobo (principalmente a caixa de transporte emocional para filhotes), mas dê-lhe uma chance. A meu ver, há milhares de métodos de autoaperfeiçoamento no mercado que espalham soluções muito mais suspeitas para os problemas da vida. Pelo menos, eu sei que as coisas neste livro funcionam, porque funcionam para MIM — e, além de ser muito lógica e racional, eu também sou, às vezes, um caso perdido Bona Fide.

Antigurus: eles são exatamente como nós!

Agora, vamos surtar — juntos.

Qual parece ser o problema?

Desculpe-me por dizer isso, mas você parece um pouco ansioso.

Talvez seja algo irrelevante, como concluir o último item de uma lista de afazeres ou a insistente preocupação de que você deveria ligar para seus pais com mais frequência. Talvez você esteja preocupado com algo mais grave ou complicado, como entrar na faculdade, mas não tem certeza se poderia conciliá-la com seu emprego e orçamento. Pode ser difícil identificar a causa de sua ansiedade, ou ela pode ser absolutamente evidente — como você ter acabado de destruir sua bike ou de descobrir que sua casa foi construída em cima de uma colônia de esquilos.

Ou, e isso é só um palpite maluco, talvez sejam todas as anteriores?

É, eu bem que pensei.

Pois bem, prepare-se para ficar espantado, porque tenho novidades para você: **ESTÁ TUDO CONECTADO**. Isso mesmo. Aquele zumbido baixo de ansiedade ao fundo, suas preocupações sobre A Merda que Ainda Não Aconteceu e A Merda que Já Aconteceu, as pequenas e as grandes coisas. Tudo está relacionado e **pode ser atacado com o realismo, pragmatismo e raciocínio lógico** que prego em todo o *Calma aí, P*rra*.

Mas, antes que sua ansiedade ataque, **você precisa identificar e isolar o problema real e específico**. Um de cada vez, por favor.

30   Calma aí, P*rra!

Às vezes, é mais fácil falar do que fazer. Se estivermos falando de uma bicicleta Schwinn destruída ou de uma colônia de esquilos, então acredito que você saiba o que é o quê.* Mas também pode haver dias em que **você se sinta zoado sem motivo**, e essas sensações o farão mergulhar naquele *lugar ruim*.

Não consigo dormir à noite.

Acordei em pânico.

Não consigo relaxar.

Ando muito distraído.

Sem motivo, hein?

ERRADO.

Existe um motivo para sua ansiedade, um e-se gerando sua preocupação. Se você conseguir identificá-lo, será muito mais fácil se acalmar e lidar com ele.

Por exemplo:

Não consigo dormir à noite. E se o médico tiver más notícias amanhã?

Acordei em pânico. E se minha apresentação de hoje for um fiasco?

Não consigo relaxar. E se não estudei o suficiente para passar no exame?

Ando muito distraído. E se eu me esquecer de fazer tudo que devo?

---

* Colônias de esquilos como o principal exemplo de um problema real.

Tudo é uma tarântula

Sei bem o que é acordar em pânico. Também sei o que é sentir-se meio pra baixo "sem motivo". Pode me acontecer durante a manhã, tarde da noite ou até ao toque das 16h, hora do meu apreciado drinque "spritz o'clock". Comparo a situação a ser perseguida por uma tarântula escondida; sei que há alguma coisa rondando, mas, se ela se recusar a mostrar a carinha peluda, como esperar que eu lide com ela? Quando me flagro realmente murmurando "tudo é uma tarântula", em voz alta — como venho fazendo desde, ah... há cerca de seis meses —, aprendi a parar e me perguntar: *"Não, o que é mesmo?"* Porque nem tudo é uma tarântula escondida. Tudo está exatamente aí, com nome e forma próprios: *Preciso terminar meu livro. Meus pais vêm me visitar. O telhado está com goteira. Estou organizando uma festa. Tenho um chefe novo. Paguei a conta do telefone?* Só depois de identificar o que realmente o está preocupando, você poderá começar a lidar com o problema. E qualquer coisa é melhor que uma tarântula, o que significa que esta técnica funciona em vários níveis.

Então, o que eu lhe disse mais cedo? Primeiro, você precisa RECONHECER o problema. **Descubra *por que* se sente dessa forma para poder descobrir *o que* fazer a respeito.** Faça essa parte e eu o ajudarei com o resto. Acho que é uma troca mais do que justa por alguns minutos de introspecção de sua parte, não é?

Se você acordou em pânico esta manhã ou está se sentindo meio pra baixo nesse exato momento, gaste dez minutos agora para dar nome a suas tarântulas. Você não precisa se acalmar ou lidar com elas agora, mas tire-as da sombra e coloque-as em cima da página.

32 Calma aí, P*rra!

(Se agora você não estiver experimentando uma ansiedade do tipo "tudo é uma tarântula", pule esta parte — mas guarde-a na lembrança para o futuro.)

MINHAS TARÂNTULAS:

_____

_____

_____

_____

Em seguida, mostrarei **o que acontece quando suas preocupações e e-ses o deixam não meramente distraído ou impossibilitado de dormir, mas avançando rapidamente para um autêntico surto**.

Entender como funciona um surto o ajudará a entender como *evitá-lo*.

A evolução de um surto

Imagine que você esteja organizando uma festa de formatura do ensino médio para sua filha, neste fim de semana, porque ela vai para a Universidade do Texas; você está muito orgulhoso. E, embora tenha conferido os RSVP e calculado as provisões com base neles, *e se* aparecerem mais pessoas que o esperado?

Você começa a se preocupar de não ter comida e bebida suficientes para servir a todos os convidados, além dos inevitáveis acompanhantes, *e mais* meia dúzia de adolescentes que inegavelmente vão aparecer sem avisar e dizimar o estoque de cachorros-quentes, deixando você com uma quantidade desproporcional de salada de batatas logo cedo.

Isso é normal. Mostre-me alguém que planejou um evento importante e não foi assombrado por e-ses e preocupações, e lhe mostro um super-humano que vive à base de Rivotril e presunção.

É o que você faz — ou não faz— depois que conta.

Você pode correr e comprar mais um pacote de salsichas, e jogá-las no freezer se não forem consumidas. Ao tomar uma atitude, dando um nó naquele fio solto, você evita que essa preocupação destrua seu suéter metafórico.

Ou, em vez de reconhecer o problema (possível falta de carne), aceitar o que não pode controlar (penetras) e lidar com o que pode (quantidade de salsichas), você apenas continua a se preocupar.

Digamos que faça isso.

E se as tochas de citronela não afastarem os mosquitos como prometem? E se chover? E se os porta-copos que encomendei com o logo da Universidade do Texas não chegarem a tempo?

Ai-ai. O suéter está se desmanchando, ponto a ponto — e esses são só os e-ses logísticos! Você não consegue evitar, e continua puxando, esticando, e aumentando a confusão:

34 Calma aí, P*rra!

E se as pessoas olharem a decoração do jardim e acharem que exagerei? (Ou que não me esforcei o suficiente?) E se os vizinhos se chatearem com todos os carros estacionados na rua? E se tivermos todo esse trabalho e todos os convidados cancelarem de última hora?

Agora seu suéter já é um top curtinho, você não consegue *respirar*, muito menos agir, e não está mais simplesmente preocupado — você está oficialmente surtando.

EVOLUÇÃO DE UM SURTO:

E-SE
↓
PREOCUPAÇÃO
↓
INÉRCIA
↓
SURTO!

É assim que acontece. E, com o devido treino, você será capaz de evitar a situação.

Na parte II, por exemplo, treinaremos como **identificar o que você pode controlar** (investir em algumas latas de um inseticida potente, uma barraca e um serviço de entrega rápida) **e aceitar o que não pode controlar** (o desdém da vizinha Debbie por arranjos florais branco e laranja; todos seus convidados contraírem catapora) **para poder se preparar para alguns resultados e esquecer as preocupações sobre outros.**

Por enquanto, porém, para preservar um bom e velho conto preventivo, vamos nos ater ao diagnóstico. **Porque, esteja ele fervilhando ou já transbordando, é útil saber que _tipo_ de surto você está tendo.**

Todos são diferentes, e há diversos meios de neutralizar cada um.

As Quatro Faces do Surto

Em meus livros anteriores, fiquei conhecida por oferecer uma taxonomia organizada dos diferentes tipos de leitores que podem se beneficiar com meus conselhos. Faço isso porque acho que encontrar um perfil, de certo modo personalizado, ajuda o leitor a se sentir visto, algo reconfortante quando alguém está prestes a levar uma bordoada na cabeça com algumas verdades decididamente desagradáveis.

O que é um certo azar nosso, o fato de que **surtar, como cada um surta e por que** tenha uma puta variedade.

Algumas pessoas nem piscam se a fossa séptica transborda, mas se desesperam se a Starbucks fica sem croissants de amêndoas. Outras dão uma de Luke, em *Rebeldia Indomável* [protagonista da trama que tenta cumprir seus anos na prisão sem se abalar], quando o carro é guinchado ou quando o resultado do exame é positivo, mas entram em alerta máximo* quando ficam sem sinal de TV a cabo durante o *America's Next Top Model*.

Além disso, **os surtos se manifestam em diferentes graus em diferentes pessoas**. Para algumas, é a expressão de surpresa e pânico da *Cathy* das tirinhas dos anos 1980 ("Credo!"); mas, para outras, são mais lágrimas que tremores. Ou baixo-astral. Ou olhar vazio.

E, para piorar tudo — qualquer pessoa pode experimentar uma forma de surto diferente, em dias diferentes, por motivos diferentes. Por exemplo, *você* pode não ser um chorão, como seu amigo Ted, que passa o dia postando emojis de "estou infeliz" no Facebook; mas, se perder sua aliança de casamento ou sua avó, pode até ficar meio choroso. E *eu* não costumo desperdiçar o fôlego com gritos e lágrimas, mas certa vez, em 2001, abri a porta da geladeira em cima do meu pé, e o resultado não foi muito diferente do discurso exaltado de Jack Nicholson ao depor em *Uma Questão de Honra*.

Como eu disse, uma puta variedade.

---

* No original, DEFCON (defense readiness condition), termo usado pelas Forças Armadas norte-americanas em relação a níveis de defesa. [N. da T.]

Portanto, em vez de tentar classificá-lo como um surtador individual em uma categoria certinha, separei os tipos de surtos em quatro grandes categorias bagunçadas — e, dependendo do momento, você pode se encaixar em uma ou mais delas:

Ansiedade
Tristeza
Raiva
Fuga (ou "Modo Avestruz")

Essas são as Quatro Faces do Surto — as máscaras que usamos quando nos preocupamos obsessivamente — e, *ai, mamãe*, está ficando difícil respirar. Sua tarefa é aprender a reconhecê-las para poder reagir.

Conhecer o inimigo e tudo o mais.

# ANSIEDADE

Como é: A ansiedade se manifesta de muitas maneiras, e, para os leigos, pode ser difícil identificá-la. Por exemplo, você pode achar que está com intoxicação alimentar quando, na verdade, seu estômago está revirado devido à ansiedade. Ou pode achar que *foi envenenado*, quando só está sofrendo de um antiquado ataque de pânico. (Já vi esse filme, você pensou.) Outros sinais incluem, mas não são limitados a: nervosismo, dores de cabeça, fogachos, falta de ar, tontura, insônia, indecisão, diarreia e consulta compulsiva ao e-mail para ver se seu editor comentou as páginas que você mandou uma hora atrás.

(E, lembre-se, você não precisa de um diagnóstico de Transtorno de Ansiedade com A maiúsculo para ter ansiedade com a minúsculo. Às vezes, muitas pessoas calmas, racionais quase-totalmente-livres-de-ansiedade sofrem de crises de ansiedade conjuntural. Bons tempos.)

Por que é ruim: Além dos sintomas que enumerei, um dos efeitos colaterais mais tóxicos e insidiosos de ficar ansioso é **PENSAR DEMAIS**. É como o zunido daquela mosca-doméstica que entra e sai do seu campo de visão e, sempre que você acha que botou os olhos nela, muda de direção. Lá, naquele canto! Não, espere! Perto da escada! Ah, demorou! Agora, ela está esvoaçando a um metro acima de sua cabeça, vibrando como uma manifestação de seu cérebro prestes a explodir. ONDE VOCÊ QUER *FICAR*, MOSCA??? DECIDA DE UMA VEZ.

Pensar demais é a antítese da produtividade. Isto é, você já viu uma mosca parar em um lugar por mais de três segundos? Quantas tarefas ela consegue realizar durante o dia?

O que você pode fazer a respeito? Você precisa usar a tática "Miyagi" com essa merda. Foco. Um problema por vez, uma *parte* desse problema por vez. E, mais importante: uma *solução* para esse problema de cada vez. Felizmente, a Parte II contém muitas dicas práticas para fazer exatamente isso.

Siga meu conselho, continue lendo.

Então Você Está Surtando **39**

TRISTEZA

Como é: Chorar, afligir-se, andar de roupas amarrotadas e com o rímel escorrendo, com cheiro de desespero e suspirando profundamente. Isso também pode levar a uma situação que chamo de Autopiedade de Rede Social, o que é cansativo não só para você, mas também para seus amigos e seguidores. Pare com isso, Ted. Ninguém quer assistir a você tendo um colapso emocional em memes do *Garfield*.

Por que é ruim: Ouça, não tenho absolutamente nada contra um bom choro. Você está preocupado porque planejadores urbanos malvados vão derrubar sua casa de infância com um trator ou porque seu hamster, Pingue-pongue, pode não suportar a cirurgia? É claro que você deve pôr tudo para fora. Eu faço isso o tempo todo. Uma catarse!

Mas, por favor, tente não *se entregar*.

Quando você se preocupa e se entrega — permite que a tristeza o domine por longos períodos —, atrai problemas maiores. A tristeza contínua é **EXAUSTIVA**. Quando a energia diminui, você pode parar de comer ou de sair de casa, entrar em um estado de apatia, e ficar cada vez menos produtivo. E tudo *isso* pode levar à depressão e à total falta de vontade de lidar com toda essa merda.

Porém, saiba que estar triste — mesmo por um período difícil e deprimente — é uma coisa. Sofrer de depressão clínica é outra. Se você acha que pode não estar apenas triste, mas totalmente dominado pela depressão, insisto para que procure ajuda além das páginas de um livro de 30 reais escrito por uma mulher cuja verdadeira função é descobrir novos jeitos de usar a palavra "porra" em uma frase.

Mas talvez essa mulher seja muito ousada: pode ser difícil identificar a depressão, como a ansiedade, quando você é o detetive e sua própria cabeça é o caso. Faça-se um favor e ouça as pessoas que o cercam quando dizem: "Ei, você não parece só estar triste, mas com uma depressão profunda. O que acha de procurar um profissional?" Não se envergonhe por causa disso. Todos os tipos de pessoas — mesmo as que levam uma vida ótima — podem sofrer de depressão. Transtornos mentais são um c* do avesso.*

Com isso, quero dizer que talvez eu não seja qualificada para diagnosticar ou tratar sua depressão (a doença); mas, sob os auspícios de *Calma aí, P*rra*, acho que se sentir deprimido (o estado de espírito) é válido. E, na minha cabeça, esse estado é *exaustivo*.

O que você pode fazer a respeito? Paciência, meus lindos. Vamos fazer você se levantar e sair da cama mais cedo do que imagina. Isso é o que Pingue-pongue gostaria que fizesse.

---

* Ahá, acho que encontrei o título para o meu próximo livro!

RAIVA

Como é: Tirando em encontros dolorosos com portas de geladeira, não costumo me zangar. Talvez seja porque meus pais não brigavam na minha frente. Talvez seja só meu temperamento. Ou, talvez, seja porque sou uma idiota fria que não fica zangada e parte direto para a vingança. Mas, embora eu não chore, não grite, não amaldiçoe as pessoas, tampouco ponha fogo em seus pertences valiosos, isso não significa que eu não entenda do assunto. As pessoas tomadas pela raiva experimentam efeitos colaterais prejudiciais, como hipertensão arterial e elevação da temperatura corporal, o desejo de reagir com violência física e as consequências daí resultantes, manchas no rosto, mandíbulas cerradas e desagradável saliência dos tendões do pescoço.

Mas um resultado invisível — embora não menos danoso — de um surto de raiva é que ele impede a capacidade crítica. **ELE PIORA AS COISAS.**

Por que é ruim: Na era das câmeras de smartphones, cada descontrole emocional representa possíveis 15 minutos de má fama. Você quer acabar no noticiário da noite vomitando impropérios lamentáveis ou no Facebook Live destruindo propriedades públicas porque não conseguiu se acalmar, porra? Não, você não quer. A propósito, sugiro que leia algo sobre o que é conhecido em nossa casa como a Síndrome do Aeroporto Mexicano.

Síndrome do Aeroporto Mexicano

Certa vez, meu marido e eu voltávamos de férias familiares organizadas por um agente de viagens. Por algum motivo, quando nosso grupo de 13 pessoas chegou para o voo de conexão na Cidade do México, eu estava sem minha passagem. Veja bem, não estou falando de um lugar marcado, mas da *droga da passagem*. Sabe-se lá o que aconteceu. Mas você sabe o que não resolveu a questão? Confrontar agressivamente os funcionários da companhia aérea no balcão de check-in. O meu (doce, generoso, gentil, normalmente muito calmo) marido aprendeu a lição do jeito difícil quando ele perdeu a paciência com um dos ditos funcionários cerca de 3,2 segundos antes que eu lhe desse um cutucão nas costelas "com o olhar" e comunicasse que *eu não queria ficar detida à noite — ou o resto da vida — na Cidade do México*. O que também o salvou de uma situação difícil naquele dia foi uma mãe de Long Island que estava tendo o mesmo problema e lidou com ele de um jeito muito pior. Você sabe que ela vai a um Bar Mitzvah muito importante amanhã?!? Bom, eu entrei no avião. Ela, não.

O que você pode fazer a respeito? Bem, você pode ter aulas de controle da raiva, mas isso não parece muito agradável. Eu tenho algumas alternativas estimulantes que acho que você vai gostar. (Principalmente em páginas futuras. Essa é boa.)

P. S.: Para ser sincera, estou curiosa sobre o que vai ser necessário para ativar minha face de raiva. Já faz uns bons 15 anos desde o incidente com a geladeira, e a menina aqui é humana.

FUGA
(ou Modo Avestruz)

Como é: A dificuldade com o Modo Avestruz é que talvez você nem ao menos perceba que o está fazendo, porque "fazer" é praticamente "não fazer nada". Você está simplesmente ignorando ou desprezando advertências e fingindo que a merda não está ocorrendo. Não estou vendo nada aqui, pessoal! Cabeça firme dentro da areia.

(A propósito, sei que essas aves gigantes não enterram sua cabeça desproporcionalmente pequena na areia para escapar dos predadores, mas preciso que você dê um desconto quando se trata da precisão de minhas metáforas; do contrário, este livro não terá graça para nós.)

Bem, às vezes, o "truz" fica sozinho — se você estiver adiando uma tarefa cotidiana, isso é uma fuga, pura e simples. Em outros momentos, bancar o avestruz é resultado de *já* ter sucumbido à ansiedade, tristeza e/ou raiva. Nesses momentos, seu cérebro é uma panela com água fervente e lagostas, e você tem a sensação de que, se puder manter a tampa bem fechada, talvez nunca tenha que enfrentar seus gritos silenciosos. (Normalmente, é nesse momento que mergulho de cabeça nas almofadas do sofá.)

Por que é ruim: Primeiro, uma merda não enfrentada gera *mais merda*. Ignorar a convocação para um júri pode levar a multas, um mandado de prisão e uma contravenção em seu registro permanente. Fingir que você não desenvolveu intolerância à lactose pode causar uma situação constrangedora em um jantar. E recusar-se a cuidar daquele ferimento chato conseguido enquanto cortava uma árvore de Natal pode significar passar o Ano-Novo aprendendo a usar melhor uma mão artificial do que um machado.

E, segundo, embora eu admita que ignorar deliberadamente qualquer merda que aconteça com você é um jeito perspicaz de contornar a necessidade de ter que reconhecer, aceitar ou lidar com ela — adivinhe só, se suas preocupações o colocaram no Modo Avestruz, você não escapou realmente delas. Elas estarão esperando do lado de fora do seu esconderijo quando você levantar a cabeça. (Ei, pessoal. Touché.) Fugir significa **NÃO RESOLVER SEU PROBLEMA, NUNCA!**

O que você pode fazer a respeito? Ótima pergunta. Só por perguntar, você já está fazendo progresso.

Pesquisas constatam: Vocês são um bando de malucos

Como parte de minha pesquisa para *Calma aí, P*rra!*, fiz um levantamento online anônimo pedindo às pessoas que revelassem suas principais reações de surto. Ele revelou que a maioria das pessoas (38,6%) cai na categoria "Ansiedade/Pânico"; 10,8% escolheram "Fico zangado" e "Fujo dos problemas", respectivamente; e outros 8,3% são fiéis ao "Triste/Deprimido". E o resto? Cerca de 1/3 dos pesquisados (30,3%) disse: "Não dá para escolher só um. Faço todas essas coisas." Foi então que eu soube que este livro seria um sucesso. E mero 1,2% disse: "Eu nunca faço nenhuma dessas coisas". Aham, senta lá.

Então Você Está Surtando

Bem-vindo ao Outro Lado

Ok, eu estava guardando os detalhes práticos para a Parte II, mas você têm sido tão paciente com todos esses parâmetros que quero deixar que dê uma espiadinha em **como vamos inverter o roteiro** de qualquer que seja a Face de Surto que esteja vivenciando.

Meu método se baseia em uma pequena preciosidade chamada Terceira Lei de Newton, segundo a qual **"para cada ação existe uma reação igual e contrária"**.

Você não precisa ter tido aulas de física na escola (eu não tive, o que vai ficar óbvio pela minha próxima interpretação dessa lei) para entender a ideia de que você pode neutralizar um fato desagradável com outro agradável. Rir é o oposto de chorar. Respirar fundo é o contrário de dar gritos que expulsam todo o ar de seus pulmões. O pêndulo oscila para dois lados etc. etc. etc.

Logo, um simples caminho para acalmar surtos leves, médios ou violentos é — dica da Gloria Estefan — **mudar o ritmo**.

FACES DO SURTO: O OUTRO LADO

Ansioso e pensando demais?	**FOCO:** Quais dessas preocupações têm prioridade? Qual delas você pode realmente controlar? Concentre-se nelas e deixe as demais de lado. (Falaremos mais sobre o assunto ao longo do livro.)

Triste e exausto?	**CONSERTE-SE NO AMOR:** Trate-se do mesmo jeito que trataria um amigo triste em dificuldades. Seja gentil. Cochilos, chocolate, banhos, coquetéis e maratona de *South Park*; qualquer coisa que alivie sua tristeza ou devolva a energia aos seus passos e o riso aos seus lábios.
Zangado e piorando a merda?	**VÁ NA PAZ COM LÓGICA:** Você não pode se dar um cutucão nas costelas como fiz com meu marido na cidade do México (é sério, os cotovelos não conseguem alcançá-las). Mas quando o sangue está subindo à cabeça, você pode *imaginar* como seria viver até o fim dos seus dias na cela de um aeroporto ao sul da fronteira. Visualize as consequências e adapte sua atitude de acordo com elas.
Fugindo e prolongando a agonia?	**VIRE A MESA:** Dê um passo, mesmo que pequeno, na direção de reconhecer seu problema. Diga-o em voz alta. Escreva-o no espelho embaçado do banheiro. Imagine-o como um boneco de vudu. Se puder fazer isso, estará no caminho de se acalmar, porra!

Então, aí está: **uma estrutura simples para admitir suas preocupações, reconhecer suas reações prejudiciais e começar a revertê-las**.

Isto é, não me tornei uma escritora de fama internacional *dificultando* essa merda para vocês, amigos.

Os Fundos do Surto

Em *A Mágica Transformadora do F**, apresentei o "orçamento para ligar o foda-se", que são os recursos — **tempo, energia e dinheiro** — que você gasta com tudo que considera importante, de atividades e compromissos a amigos, familiares etc. Por outro lado, você pode escolher *não* gastar esses recursos em coisas com que *não* se importa. Administrá-los chama-se "fazer um Orçamento do Foda-se", um conceito que está a caminho de se tornar meu legado mais duradouro. Uma *limonada* para antigurus, se preferir.

Como não se conserta o que não está quebrado, levei o orçamento para ligar o foda-se para o livro seguinte, *Get Your Shit Together* — que parte da premissa que você também deve gastar tempo, energia e/ou dinheiro em coisas que PRECISA fazer, mesmo que não QUEIRA realmente fazê-las — como, por exemplo, ir trabalhar para ganhar dinheiro para pagar o aluguel. No epílogo, adverti (profeticamente, devo dizer) que **"merdas acontecem"** e que **"você deve reservar um pouco de tempo, energia e dinheiro para esse cenário, só por garantia"**.

Assim, em *Calma aí, P*rra!* — porque eu não sou nada além de uma criadora de nomes chamativos para conceitos de senso comum que todos usaríamos mesmo que não tivéssemos nomes chamativos para eles —, eu lhe darei **fundos de surto** (**FSs**).

Esse é o orçamento para ligar o foda-se que você vai usar quando a merda acontecer. Você pode usá-lo exacerbando todos os comportamentos agradáveis que descrevi na seção anterior. **Ou pode gastá-lo para se acalmar, porra, e lidar com a merda que causou o dito surto.**

O ideal é que você tenha lido *Get Your Shit Together* e poupado para esse cenário. Em caso negativo, há ainda mais necessidade do seguinte tutorial. Mas não importa como você o divida, sua quantidade é limitada, e **todos os fundos de surto gastos são tempo, energia ou dinheiro debitados de seu dia**.

TEMPO

O tempo tem sido um recurso finito desde, bem, desde o início. Ele não está mais sendo fabricado. Isso significa que, no final, você vai ficar sem tempo para fazer qualquer coisa — incluindo surtar ou lidar com o que quer que seja que vá acontecer/esteja acontecendo com você. Por que desperdiçá-lo no primeiro se gastá-lo no segundo melhoraria amplamente a qualidade de todo o estoque restante de minutos?

ENERGIA

Você também vai acabar ficando sem energia, porque, embora Jeff Bezos esteja se esforçando muito, ele ainda não programou a Alexa para sugar a sua alma mortal enquanto você dorme e recarregá-la no Wi-Fi. Em algum momento, você tem que comer, descansar e renovar-se à moda antiga — e, se a merda atingir o ventilador, você desejará ter gastado menos energia surtando e ter deixado mais no tanque para conseguir enfrentá-la.

DINHEIRO

Este é mais complexo, visto que algumas pessoas têm muito e outras não têm nada, e a capacidade de todos de reabastecer seus cofres varia. Contudo, se estiver quebrado, fazer compras estressado enquanto surta sobre passar no exame da OAB realmente não é a solução. Porém, se você tiver uma conta bancária de fundo ilimitado, poderá argumentar que limpar as prateleiras de artigos em uma liquidação da J.Crew ao menos vai contribuir para a melhoria de seu humor em geral. Eu não descarto a versão de ninguém sobre a forma de se cuidar, mas todo esse dinheiro gasto em bermudas cáqui e cintos de sisal decididamente não vai *resolver o problema básico* de sua pontuação no exame para se tornar advogado. Contratar um professor particular provavelmente seria um uso melhor para seus fundos. (E para todos os Tio Patinhas que aguardam ansiosamente o apocalipse: você é quem sabe, mas chuto que nem suas armas nem seus bitcoins valerão alguma merda no Câmbio Zumbi.)

Em suma: **preocupar-se é um desperdício**. A preocupação custa tempo, energia e/ou dinheiro, e não lhe dá nada em troca. Contudo, se você gastar seus fundos de surto realmente lidando com algo, você terá, de fato, lidado com isso.

Meu objetivo é ajudá-lo a minimizar a preocupação e a gastar seus FSs de modo mais sensato ao longo do caminho.

Bela tentativa, Knight. Se eu pudesse parar de me preocupar e controlar meu tempo, minha energia e meu dinheiro com firmeza, eu SERIA o Jeff Bezos.

Ei, calma aí, porra — eu disse "minimizar". Eu mesma sou detentora do Recorde Mundial Feminino em Preocupação Diária sobre Morrer de Câncer. Ninguém é perfeito. Mas **quando você se flagra preocupado ao ponto de surtar, deveria pensar nos recursos que está desperdiçando com essa fixação inútil.**

Ansioso? Pensar demais é igual a gastar demais.

Triste? Depois de gastar toda sua energia chorando, gemendo, batendo no peito e alimentando a besta deprimida, não sobra nada com que lidar.

Zangado? Esse pode ser o pior uso dos fundos de surto, visto que normalmente *aumenta* o débito.

> ### 3 formas de desperdiçar tempo, energia e dinheiro pensando demais
>
> Se trocar de roupa sete vezes antes de sair, vai se atrasar.
>
> Se gastar mais tempo remexendo nas fontes do que escrevendo o artigo da faculdade, nunca o entregará.
>
> Se continuar a criticar seu decorador, ele vai se demitir e você vai perder a entrada que pagou.

Como quando você se zanga tanto com o tempo esperando na linha de atendimento ao cliente que atira seu iPhone contra a parede, racha a tela, quebra o drywall e finaliza a ligação — o que significa que não resolveu o problema original (bebedouro para pássaros com defeito), e acrescentou dois itens às contas reais e metafóricas.

Bancando o avestruz? Não pensem que vocês vão se safar de alguma coisa. Mesmo evitando sua merda, você está esvaziando seus FSs. Você desperdiçou muito tempo valioso — um recurso não renovável que poderia ter sido empregado em soluções — fazendo um monte de coisa nenhuma. Você também desperdiçou energia se contorcendo fingindo *QUE TUDO ESTÁ SIMPLESMENTE ÓTIMO.*

Lembra o cachorro dos quadrinhos? Agora ele é uma pilha de cinzas de papel.

Não importa que tipo de surto você esteja vivenciando ou tentando evitar, **há meios mais inteligentes de empregar seus fundos**. Por exemplo:

Em vez de perder TEMPO preocupado com ser reprovado na prova de física, você poderia gastá-lo criando cartões educativos divertidos sobre física quântica.

Em vez de desperdiçar ENERGIA andando pelo apartamento preocupado com o que acontecerá quando seu colega chegar em casa e descobrir que o cachorro, Meatball, aprontou com os tênis Air Jordan favoritos de alguém, você poderia gastar essa energia pesquisando cursos de adestramento para o cão.

E, em vez de desperdiçar DINHEIRO em falsos remédios que supostamente impedem a calvície, mas não funcionam, você poderia comprar alguns chapéus realmente legais e se transformar no Cara do Chapéu Muito Legal.

Bem-vindo ao Outro Lado, amigo. Olha só, você por aqui.

(Falando de coisa boa, tenho quase certeza de que pelo menos três leitores e um cão recuperaram o dinheiro gasto neste livro.)

O Quarto Fundo

Curtis "50 Cent" Jackson teve *A 50ª Lei*.* Eu tenho o Quarto Fundo, um ramo do orçamento para ligar o foda-se que criei exclusivamente para *Calma aí, P*rra!* Este material aqui é quentíssimo, pessoal.

Todos temos uma amiga, parente, colega de trabalho ou parceira voluntária da cooperativa de alimentos que parece estar no **Modo de Crise Constante**, não é mesmo? Eu a chamarei de Sherry. Não há um encontro em que ela não tenha levado bolo, um dia em que um idiota não tivesse amassado seu carro no estacionamento, um prazo que não tivesse sido ESTOURADO POR COMPLETO por algum cliente ou que um balde de adubo não

---

* https://www.goodreads.com/book/show/6043946-the-50th-law .

aterrissasse em seu colo por culpa de um cara chapado e descuidado usando aquelas horríveis alpargatas TOMS que fazem seus pés parecerem membros mumificados.

Você quer ser solidário quando Sherry se queixa da última catástrofe ou aparece na reunião matinal suada, piscando depressa e tagarelando sem parar *você não sabe a merda que aconteceu!*

Porém, acontece que ela faz isso o tempo todo. E, então, você também sente vontade de dizer: *Qual é o problema, sua maluca? Trate de se acalmar e resolva-o.* (Se você não se identifica com essa situação, então é uma pessoa melhor que eu. Aproveite seu assento prioritário na vida após a morte.)

Isso nos leva ao **Quarto Fundo: Boa vontade**.

BOA VONTADE

Ao contrário do tempo, da energia e do dinheiro, a conta da boa vontade não é mantida por você. Ela é financiada pela solidariedade e/ou auxílio de *terceiros,* e depende de eles distribuírem ou não seu conteúdo conforme considerarem adequado. Sua função é manter a conta em boas condições não surtando o tempo todo, como Sherry.

O que Sherry não percebe é **o quanto desgasta a boa vontade alheia quando leva essas crises contínuas a suas portas**. Em algum momento, você começará a bater a porta na cara dela, como faz com as testemunhas de Jeová e com as criancinhas procurando sua bola.

O quê? Elas que não deveriam tê-la chutado para o meu quintal. Agora, a bola é minha.

Seja como for, vamos inverter as posições e imaginar que seja *você* quem esteja buscando a solidariedade do próximo. Isso é legal. Faz parte da natureza humana ser solidário. Como puxar conversa sobre o tempo, todos fazemos isso — reclamamos, gememos, falamos como tem feito calor, como se não soubéssemos que 40° em Pelotas prenunciariam a morte de nosso planeta.

Quando você se sente vencido pela magnitude absoluta de sua desgraça, é compreensível procurar e se sentir apoiado pela solidariedade dos outros.

Às vezes, você só quer que um amigo concorde com o fato de que você não deveria ter esperado 45 minutos pelo cara da TV a cabo, para então ele se dar conta de que não tinha a peça necessária para conectar seu modem, fazendo com que você se zangasse a ponto de quebrar um dente mordendo a caneta que ganhou de brinde, frustrado. De que serve uma droga de *caneta* quando tudo o que você quer é assistir ao Silvio Santos e agora tem que ir à droga do *dentista*, o que certamente vai estragar outro dia inteiro! Ou talvez você só precise que uma pessoa — qualquer pessoa — saiba que Jeremy, o VP assistente de marketing, é absolutamente o *pior* de todos!

Eu escutei, viu? (Assim como todos em um raio de 5 metros. Talvez você possa baixar o tom só um pouquinho.) E quando seus amigos, parentes e colegas voluntários o virem aflito, sua primeira reação provavelmente será de solidariedade. Eles não estariam trabalhando em uma cooperativa de alimentos se não fossem socialistas até o fundo da alma.

Mas é aqui que o Quarto Fundo entra em ação: **se surtar o tempo** *todo,* **por causa de** *tudo,* **vai acabar esgotando sua cota de boa vontade**. Você corre o risco de ficar com saldo negativo mais depressa do que eles esvaziam um aquário quando uma criança cai no tanque dos tubarões, revivendo o clássico dilema do livro infantil *The Boy Who Cried Shark,* ["O Garoto que Gritou Tubarão", em tradução livre.]

Quando você precisar de ajuda e solidariedade por algo válido, talvez eles não estejam mais ali.

<cantarola música tema do filme *Tubarão*>

<sai de cena>

Tomada quente, em um instante!

Se permitir que eu mude um pouco de assunto, tenho algumas verdades para meus colegas que sofrem de Ansiedade-com-A--Maiúsculo, que se veem direto no Modo de Crise Constante.

Por causa do meu então não diagnosticado transtorno de ansiedade generalizada, passei anos aborrecendo meus amigos, parentes, colegas e marido com todas as minhas dores de estômago misteriosas, cancelamentos de última hora, choros no escritório, e propensão semelhante à de um monge dervixe rodopiante a reorganizar a casa das pessoas sem permissão.

A maioria não conseguiria entender por que eu surtava o tempo todo. Para eles, a maioria de minhas preocupações não parecia merecedora de tanto caos e insanidade.

Qual é o problema agora, sua maluca? Trate de se acalmar, porra, e resolva-o. Jesus.

Já viu esse filme?

Alguns desses amigos começaram a se retrair, guardando sua solidariedade e apoio — e nem sempre conseguiam disfarçar o aborrecimento ou frustração em relação a mim. Na época, fiquei confusa. Magoada. Até indignada. Hoje, porém, com o benefício da retrospecção e intervenção terapêutica, sabe o que aconteceu?

EU NÃO OS CENSURO. Não é dever do resto do mundo lidar com a minha merda.

Isso me torna um monstro? Acho que não. Uma filha da mãe desbocada, talvez, mas isso você já sabe.

Como eu disse, sei exatamente o quanto a *ansiedade*, o transtorno mental, pode nos ferrar — e é fantástico quando nossos parentes e amigos tomam conhecimento disso e podem nos ajudar. Sou eternamente grata ao meu marido por suportar alguns anos de aborrecimento extremo antes de eu começar a entender e aceitar minha ansiedade. Às vezes, ela ainda é desagradável, mas pelo menos ele sabe que **agora *eu sei* qual é o problema implícito**, e que estou tentando mantê-la sob controle — o que deposita muito mais boa vontade em minha conta do que quando gasto a maior parte do meu tempo dormindo e chorando, e não fazendo nada para mudar a situação.

Então, se você permitir que eu mostre um ponto de vista potencialmente controverso:

Alguns recebem cartas piores do que os outros, e merecem proteção para sacar a descoberto, mas o Banco da Boa Vontade não prorroga a linha de crédito eternamente, porque você tem questões a resolver.

Caso não se passe um dia sem que você não mostre sua face Ansiosa/Triste/Zangada/Avestruz — e, consequentemente, jogue todos os seus problemas na cara das outras pessoas —, então é hora de perceber que Você. É. Parte. Do. Seu. Problema.

É duro? Talvez, mas sou paga para dizer a verdade. E, assim como as Sherrys do mundo, **acho que pessoas realmente-clinicamente-ansiosas precisam assumir parte da responsabilidade.** Precisamos reconhecer nossas tendências, analisar nossas atitudes e, talvez, procurar um médico ou analista ou terapeuta de Reiki ou algo desse tipo, e examinar nossa merda; do contrário, nos arriscamos a alienar todo nosso sistema de apoio.

Em outras palavras: se você sofresse de diarreia crônica, estaria procurando meios de parar de ter diarreia crônica, certo? E se ela estivesse afetando seus relacionamentos por não poder ir a festas ou estivesse sempre cancelando encontros de última hora, ou quando *estivesse* na casa de outra pessoa distraída por sua própria merda (literalmente) a ponto de ser má companhia? Você não quer cagar em cima dos seus amigos (figurativamente), certo?

Foi o que pensei. Vamos em frente.

Descongestionamento mental e a pergunta que decide tudo

Estamos chegando ao último fato básico da Parte I. Falamos sobre a **importância de dar nome a seus problemas, compreender sua reação a eles e valorizar sua resposta**. É hora de passar a calcular *como*, exatamente, você vai colocar essas lições em prática e começar a se acalmar, porra!

Começo: **descongestionamento mental.**

Se você leu qualquer um dos meus livros, ou assistiu às minhas palestras TED, conhece o conceito. Então, vou explicá-lo sucintamente para os novatos, para que o resto de vocês não corra em bandos para a Amazon se queixando que "Knight está se repetindo".*

Veja como funciona:

Como a organização material popularizada recentemente pela especialista japonesa em organização, autora de *A Mágica da Arrumação*, Marie Kondo, o **descongestionamento mental** (popularizado pela antiguru, algum dia parodista e autora de *A Mágica Transformadora do F**, Sarah Knight) consiste de duas etapas:

DESCARTANDO e ORGANIZANDO

A diferença está no fato de que a minha versão de descartar e organizar ocorre totalmente em sua cabeça, não em suas gavetas, closets ou garagem.

---

* É uma série, pessoal. Dá um tempo, poxa.

Não há esforço físico envolvido. Você não vai me flagrar cantarolando, murmurando ou insistentemente abrindo caminho no meio dessa merda. Você é livre para realizar essas atividades, se desejar, para se acalmar ou conquistar as mães bonitas e solteiras da associação cristã mais próxima. Mas não é uma exigência.

(O descongestionamento mental poderá deixá-lo fisicamente renovado? Com certeza! Afinal, menos ataques de pânico e acessos de raiva são bons para seu coração, seus pulmões e os pequenos ossos nos seus pés que costumam se quebrar quando você chuta objetos que não foram feitos para ser chutados. Mas esse não é o foco principal, apenas um subproduto maneiro.)

As duas etapas do descongestionamento mental estão, nem um pouco coincidentemente, alinhadas às do Método de Não Preocupação.

Etapa 1: DESCARTE suas preocupações (ou, acalme-se, porra!)

Etapa 2: ORGANIZE sua reação para o que sobrou (ou, lide com o problema)

É isso aí. Descarte, depois organize. E você deve começar analisando qualquer problema que o esteja preocupando, e fazendo uma pergunta simples a si mesmo.

> ### A Pergunta que Decide Tudo
> *Posso controlar isso?*
>
> Essa pergunta se refere a todos os conselhos que darei no resto do livro. Assim como Marie Kondo lhe pede para decidir se um bem material lhe traz alegria antes de descartá-lo, ou como quando eu lhe peço para decidir se algo o aborrece antes de mandar um f*da-se, perguntando: "Posso controlar isso?". Esse é o padrão pelo qual você medirá se algo vale suas preocupações — e o que, se é que existe algo, você pode fazer a respeito.

O descongestionamento mental e a Pergunta que Decide Tudo mostram todo seu talento na Parte II; mas, antes de chegar lá, quero parametrar um último parâmetro, que é o seguinte:

Quando e-ses se tornam preocupações, preocupações se tornam surtos, e surtos tornam tudo mais difícil e mais sofrido do que teria que ser, **uma das coisas que você pode controlar de imediato é sua *resposta emocional***.

Com isso, vou passar as coisas para o melhor amigo do homem... que, às vezes, também é seu pior inimigo.

(Por favor, não conte a John Wick que eu disse isso.)

O seu cérebro e os filhotes

Emoções são como filhotes. Às vezes, eles são pura alegria e diversão; às vezes, eles confortam e distraem; em outras, apenas mijam no carpete da sua sogra e não têm mais permissão de entrar na casa.

Seja como for, filhotes são bons por curtos períodos de tempo, até você conseguir fazer alguma coisa, e então tem que fazê-los entrar em um bonito e confortável cercadinho, porque você não pode — repito: NÃO PODE — lidar com sua merda enquanto aqueles pestinhas estão soltos.*

Nem importa se são filhotes/emoções "ruins" ou filhotes/emoções "boas". TODOS os filhotes/emoções distraem a atenção. Faz parte de sua natureza. Você pode ficar totalmente desestabilizado por emoções positivas — como quando fica tão entusiasmado com a volta do McRib, que vai direto para o drive-thru sem lembrar que era sua vez de pegar seu filho na escola. Ôpa.

Mas nós dois sabemos que felicidade e entusiasmo em fazer amor digestivo com meia costela em um pãozinho não são as emoções que *Calma aí, P*rra!* está aqui para ajudá-lo a controlar.

Estamos tentando pegar os filhotes/emoções geradoras de surtos e:

Conceder-lhes um período de visitação razoável no qual reconhecemos sua existência de modo saudável; dar-lhes a chance de ficarem exaustos com um breve momento de atividade;

---

* Por favor, não mande e-mails sobre o sofrimento causado pelo treinamento no cercadinho para o cão. Por favor. Estou implorando!

E, então, exilá-los enquanto trabalhamos na solução dos problemas que os fizeram aparecer, em primeiro lugar.

Lembrete

Oi, sou eu, não uma médica ou psicóloga! Tampouco sou terapeuta comportamental! Sinceramente, nem se pode confiar em mim para tomar oito copos de água todos os dias e considero Doritos uma comida saudável para a mente. Mas aprendi a relegar emoções a um segundo plano para poder focar em soluções lógicas. É isso que eu faço; é o que funciona para mim e foi por isso que escrevi quatro Guias F*, e não um *Almanaque de Vamos Falar sobre Nossos Sentimentos*. Se você é médico, psicólogo ou terapeuta, e não aprova pôr as emoções de lado para se acalmar e lidar com sua merda, primeiro, obrigada por ler. Aprecio o trabalho que faz, respeito seu modo de agir e espero que meus conselhos sobre exercícios de solo de ginástica olímpica deixem claro que estou mostrando sugestões bem-intencionadas e empiricamente comprovadas, não fatos médicos. Se você levar isso em consideração antes de clicar no botão com uma estrela no site da Amazon, eu ficaria muito agradecida.

Bem, só para garantir que estamos todos na mesma página emocionalmente saudável, quero ser absolutamente clara:

- **Tudo bem ter emoções. Ou, como outro guru diria:** "*Você* tem emoções! E *você* tem emoções! E *você* tem emoções!" O problema não está em tê-las; o problema começa quando você deixa que corram desenfreadas *em vez de agir* (veja: *A Evolução do Surto*).

Então Você Está Surtando **63**

- **Na verdade, há muitas ciências que dizem que você deve se permitir "sentir seus sentimentos" sobre as coisas ruins — que precisa vivê-las para superá-las.** Isso se aplica principalmente a casos de traumas, e não estou aconselhando que você trate esses problemas/emoções superficialmente (veja: não sou médica).

- **Também está bem surtar um pouquinho.** Berrar, gritar e dar uma de avestruz de vez em quando. O objetivo não é exibir uma "máscara sem emoções e com olhar vazio". De certa forma, esse é um prelúdio-de-uma-merda-que-me-fará-entrar-em-uma-onda-assassina, aqui mesmo, e não um resultado que quero estimular para meus leitores.

Dito isso — em minha opinião decididamente não científica —, quando seus filhotes emocionais estão descontrolados, é hora de trancá-los e, pelo menos temporariamente, perder a chave. O que eu, daqui para frente, chamo de **contenção emocional de filhotes** tem sido útil para mim nos seguintes cenários:

Foi como continuei a me divertir na recepção do meu casamento depois que a cauda de meu vestido pegou fogo, em vez de apagá-lo com toda a champanhe da festa. Amo você, mãe!

Foi como consegui escrever um tributo para o funeral do meu tio em vez de ficar incapacitada pelo sofrimento.

Foi como decidimos chamar um encanador no serviço de emergência às 02h quando o banheiro do vizinho do andar superior virou uma cachoeira em nosso banheiro, em vez de sermos dominados pelo desespero (e pelo sono), tornando tudo muito pior — e mais molhado — para nós no dia seguinte.

Primeiro, reconheço a emoção — seja ansiedade, raiva, tristeza ou um de seus muitos afluentes (p. ex., medo) — e então meio que a apanho pela nuca e a deixo em quarentena em uma parte do meu cérebro que não seja a que preciso usar para lidar com o problema a minha frente. Se você for praticante da atenção plena, deve conhecer esse truque como "mente Teflon", que tem esse nome porque os pensamentos negativos não podem grudar. Acho que a analogia do filhote é mais convidativa do que a imagem de uma frigideira de 25 centímetros de diâmetro perto do meu crânio, mas cada um é cada um.

Tenho êxito sempre? Claro que não! Além de não ser médica, também não sou uma deusa toda poderosa. (Ou uma mentirosa.) Nem sempre é viável usar a contenção emocional do filhote, e, mesmo que seja, ela exige prática e esforço. De forma semelhante a conseguir levar 10 quilos de músculo e saliva para um cercadinho de 1,5m×1,5m, se você não fechar a tranca com firmeza, seus filhotes emocionais podem escapar para uma corrida potencialmente destrutiva/exaustiva ao redor de sua sala de visitas mental, arranhando pisos mentais, mastigando móveis mentais e afastando-o ainda mais da calma e de lidar com sua merda.

Quem soltou os cachorros?* Você. Você os soltou.

---

* No original, Who let the dogs out, como a música do Baha Men. [N. da T.]

Tudo bem. **Você sempre pode levá-los, à força ou com delicadeza, ou com algum truque, de volta** — todas táticas que exploro e explico na Parte II. Como eu disse, *pratique*. Vale a pena.

E, não se esqueça: da mesma forma que você pode trancar esses malandros, também pode soltá-los quando quiser.

Quando precisar.

Quando suas preciosas faces de filhote o fizerem sentir-se *melhor*, não pior.

Não é como se você mandasse suas emoções viverem com um casal idoso em uma linda fazenda no interior. Elas só estão refrescando a cabeça em seus cercadinhos até que sejam convidadas a sair livremente outra vez. Quando essa hora chegar, vá em frente, abra a porta. Deixe-as correr pelos arredores e brincar com você por um momento, distraí-lo de seus infortúnios, cheirar seu rosto, lamber seus pés. Qualquer coisa, pois eu nem tenho um cachorro, só estou dando algumas sugestões.

Mas, ei, espere! Depois de ter usufruído desses momentos com seus filhotes emocionais, devolva-os ao cercadinho.

Agora, seja um bom garoto e vamos nos acalmar, porra!

11

CALMA AÍ, P*RRA!
Identifique o que você pode controlar, aceite o que não pode e saia da merda

Se a Parte I era toda teórica, a Parte II é toda prática — os *como-fazer* **para converter os *e-ses* nos *e-agoras***, por assim dizer.

Para você se acostumar, vou focar principalmente a **merda que ainda não aconteceu** — os ainda hipotéticos e-ses, o tipo de coisa que o preocupa, tenha probabilidade de ocorrer ou não. Eu o ajudarei a determinar quais preocupações são justificadas e, se forem, **como se preparar e reduzir os possíveis danos**, caso os problemas gerados se materializem.

E, em alguns casos, **como evitar que aconteçam**.

Começaremos por **classificar seus e-ses em categorias**, de forma semelhante ao que o Serviço Nacional de Meteorologia faz com os furacões. Só que no seu caso não lidaremos com furacões, mas sim com… **merdacões**.

Ah, fala sério, você sabia que isso poderia acontecer.

Em seguida, vamos atribuir-lhes um status — **priorizar não só o que precisa ser solucionado, mas *com que rapidez* —**, um cálculo baseado em meu fator preferido: urgência.

No final da Parte II, usaremos todas essas ferramentas para **organizar mentalmente sua válvula de escape das preocupações**, um merdacão hipotético por vez. E, ao praticar com a merda que ainda não aconteceu, será ainda mais fácil empregar o Método de Não Preocupação para a merda que já aconteceu (em seguida, na Parte III, claro).

Não vai demorar, **você logo transformará e-ses em e-agoras como um profissional**.

Você nem vai mais precisar de mim. *Buáááá.*

68 Calma aí, P*rra!

Escolha uma categoria, qualquer uma

Como já deve saber, furacões são classificados em uma escala de 1 a 5. Ela se chama Escala de Furacões Saffir-Simpson.

Então, esses números são usados pelos meteorologistas para prever (e informar a você) o nível de danos que a tempestade provavelmente causará ao longo de seu caminho; sendo 1 o menos intenso e 5, o mais intenso. Naturalmente, o pessoal do tempo nem sempre está certo — existem inúmeras variáveis imprevisíveis que determinam o alcance dos danos causados pelos ventos, como a relativa estabilidade de telhados, linhas de energia, toldos, árvores, ancoradouros e móveis para jardim na região afetada. (É por esse motivo que os caras do tempo têm as melhores condições de segurança em terra; quase não importa se estão certos o tempo todo, porque *não* podem estar certos o tempo todo e, é interessante mencionar, eles parecem aceitar totalmente esse fato. A propósito: eu seria uma péssima garota do tempo.)

Mas, seja como for, as categorias 1-5 são incontestáveis. Elas refletem a força dos furacões em termos da velocidade máxima sustentada pelo vento, que é uma medida totalmente objetiva. Anemômetros não mentem.

Merdacões são diferentes, no sentido de que não há nenhum "-ômetro" que meça com precisão a intensidade de qualquer ocorrência; **sua força, ou o que chamaremos de "severidade", é informada somente por como o indivíduo afetado as *vivencia*.**

Calma aí, P*rra! **69**

Por exemplo, digamos que você tenha sonhado em desempenhar o papel de Blanche Devereaux no musical *Thank You for Being a Friend: The Golden Girls* a vida toda, mas, depois de três semanas de sucesso, você é trocada com a maior desfaçatez pela nova namorada quarentona do diretor, e fica arrasada. Por outro lado, seu amigo Guillermo está realmente feliz porque acabou de ser despedido da funerária onde maquiava a clientela.

Mesmo merdacão do ponto de vista objetivo, experiências subjetivas diferentes. (Embora, talvez, você pudesse apresentar a namorada do diretor a G... Seria uma pena desperdiçar seu talento enfeitando cadáveres.)

Além do mais, você não pode comparar sua experiência com qualquer merdacão à experiência de qualquer outra pessoa com um merdacão *diferente*. O seu coração partido é mais ou menos "importante" do que meu dente quebrado? VAI SABER.

Portanto, as categorias de merdacão se baseiam não em sua *severidade* — mas simplesmente na *probabilidade* que têm de realmente atingir você. **Um a cinco, em uma escala da menos à mais provável**. Por exemplo, se você é uma pessoa popular, então "E se ninguém vier a minha festa de aniversário?" estaria na **Categoria 1, Altamente Improvável**, enquanto "E se dois de meus amigos estiverem dando festas no mesmo final de semana e eu tiver que escolher um deles?" está na **Categoria 5, Inevitável. Ou** vice-versa, se você for um ermitão.

Daqui em diante, a probabilidade é seu barômetro. Nós o chamaremos de, sei lá, o seu **probômetro**.

E em vez de ter um cara do tempo encarregado em prever com precisão os danos em potencial de uma tempestade Categoria 3 que atinge um raio de 3 mil metros quadrados e pode acertar ou não sua casa — teremos um cara do tempo focado *somente* na sua casa.

Ah, e a sua casa é a sua vida, e você é esse cara do tempo.

Na verdade, você é "o" cara do tempo **porque você, e apenas você, pode prever *se* esse merdacão tem probabilidade de aterrissar em cima de VOCÊ.***

---

* Isso foi uma piada, pessoal.

As cinco categorias na Escala de Merdacões de Sarah Knight são as seguintes:

Categoria 1: ALTAMENTE IMPROVÁVEL
Categoria 2: POSSÍVEL, MAS IMPROVÁVEL
Categoria 3: PROVÁVEL
Categoria 4: ALTAMENTE PROVÁVEL
Categoria 5: INEVITÁVEL

Novamente, note que essa escala não indica a "intensidade" ou "severidade" do furacão, mas apenas a **probabilidade de sua ocorrência.** Quando se trata de pregar tábuas nas suas janelas e portinholas metafóricas, **a classificação de seu probômetro o ajudará a orçar seus fundos de surto com eficiência.** Uma menor quantidade de FSs em problemas menos prováveis, e uma maior, em problemas mais prováveis.

(E, às vezes, você não precisará gastar nenhum FS na preparação; podendo poupá-los exclusivamente para uma limpeza. Mais a respeito adiante.)

Para você se familiarizar com o sistema de categorias, vamos examinar alguns merdacões em potencial em ação.

Por exemplo, **você esquia?** Eu, não, então é ALTAMENTE IMPROVÁVEL que eu quebre a perna esquiando. Categoria 1, do começo ao fim. (Mas, se eu *esquiasse*, isso estaria na Categoria 4, ALTAMENTE PROVÁVEL que eu quebrasse a perna. Conheço meus limites.)

72 Calma aí, P*rra!

Agora, pense no vencedor da medalha de ouro e "gato" dos anos 1990, Alberto Tomba. Quebrar a perna ao esquiar também poderia ser um ALTAMENTE IMPROVÁVEL, Categoria 1, porque ele simplesmente é o melhor. Ou poderia ser um ALTAMENTE PROVÁVEL, Categoria 4, porque ele esquia com frequência, em velocidades elevadas, costurando estruturas de metal inacreditáveis com as coxas absurdamente musculosas. Deixo Alberto na qualidade de cara do tempo para decidir qual probabilidade tem de quebrar a perna esquiando e, portanto, quantos fundos de surto (muitos ou poucos) precisa destinar em determinado dia.

Ou, vamos examinar os terremotos. Esses são divertidos.

Quem mora em Minnesota, que, segundo a Wikipédia, "não é tectonicamente muito ativo", está na Categoria 1, ALTAMENTE IMPROVÁVEL, de vivenciar um terremoto de grandes proporções; enquanto habitantes da zona de subducção de Cascadia, na América do Norte, flertam com a Categoria 5 todos os dias. (Você leu o artigo do *New Yorker*, em 2015? Tenho certeza de que li. Desculpe, Noroeste do Pacífico Norte, foi bom conhecer você.)

Mas lembre-se de que o merdacão Categoria 5 não precisa ser catastrófico e estremecedor. **Ele não é necessariamente tão *severo*; é simplesmente INEVITÁVEL**.

Se tem filhos, eles vomitarem em você faz parte do jogo. Se for candidata a um cargo político, será injustamente julgada por causa de seu timbre vocal e roupas. E, se viaja de avião com frequência, qualquer dia desses seu voo se atrasará ou o deixará encalhado no aeroporto de Shannon, Irlanda, durante seis horas com nada além de um sanduíche de presunto de cortesia e seu notebook, no qual você assistirá a *Os Oito Odiados*, pensando: *Ah, está tudo bem.*

Ah, e a morte obviamente está na Categoria 5. Acontecerá com todos, nossos gatos, cães, hamsters e plantas anuais.

Posso minimizar a merda?

Cada e-se é um ciclone tropical tomando forma na tela do radar de sua mente. Um merdaclone, se quiser. Alguns se transformarão em verdadeiros merdacões, outros, não — mas, ao contrário dos ciclones tropicais, talvez você tenha controle sobre a direção que tomarão. Principalmente na Categoria 1, já que é altamente improvável que ocorram. Por exemplo, se eu continuar a não esquiar, NUNCA quebrarei a perna esquiando. Crise total e absolutamente afastada! Sei , sei, ouvi você gemendo, mas esse foi um brinde. Não posso entregar o ouro tão cedo. Mais adiante na Parte II, discutiremos meios ridiculamente menos restritivos, mas igualmente eficientes de enviar um merdacão para o alto-mar. Eu prometo.

Refletir sobre a probabilidade de um merdacão realmente ocorrer é um exercício útil. Consultar seu probômetro ajuda a focar a realidade da situação em vez de ficar obcecado com e-ses que muitas vezes são tão irreais quanto as fotos de "depois" em anúncios de comprimidos baratos para emagrecer. Sabemos que ela só passou um bronzeador artificial, encolheu a barriga e escondeu os peitos em um sutiã que os faz parecer menores.

E, por falar nisso, peço desculpas se toda essa conversa sobre catástrofes iminentes esteja desencadeando um surto, mas isso tem um propósito. **Porque, quando você começar a pensar em merdacões baseados em probabilidades, perceberá que tem muito menos com que se preocupar do que imaginou.**

Assim, quando os e-ses surgirem na tela do seu radar, você poderá dizer: "Categoria. Um. Totalmente. Não vale a preocupação." Ou: "Categoria 2, ainda não preciso usar meus fundos de surto."

A LÓGICA É MUITO TRANQUILIZADORA.

Logigatos, oba!

Por falar em lógica, daqui para frente, verei seus cachorrinhos emocionais e criarei alguns gatos frios e lógicos para você. Pense nisso: um cãozinho vai rolar no quintal tentando coçar as costas em um Frisbee arrebentado, enquanto gatos podem alcançar as próprias costas e, no geral, não são muito de rolar no chão. Cães são brincalhões — perseguindo uma bola loucamente em um momento e então se distraindo com uma poça de água em que precisam pular. Gatos são caçadores — aproximando-se de seu alvo com precisão e se lançando sobre ele (não posso deixar de dizer) com reflexos felinos. Eles são o espírito animal oficial de *Calma aí, P*rra!*

Reunindo os merdacões: A lista

Talvez você já saiba, mas eu adoro listas.

Nesta seção, continuando o que lhe pedi para fazer na Parte I, vou dar **nome a alguns dos meus e-ses — as coisas que me fazem acordar em pânico ou me impedem de apreciar to-**

talmente meu drinque da tarde — para que eu descubra quais preocupações resultantes merecem minha atenção e quais devo descartar, e então organizar minha resposta para o resto.

Listas, cara. Listas me dão vida!

Por ora, vou ficar com a **merda que ainda não aconteceu** porque é mais fácil praticar na teoria. Mas não tenha medo — mais tarde, lidaremos com a **merda que já aconteceu**.

DEZ E-SES COM QUE PRECISO OU NÃO ME PREOCUPAR

- A chave de casa ficar presa na fechadura;
- Uma palmeira cair no meu telhado;
- Mais tarântulas aparecerem em casa;
- Sofrer um acidente de carro na estrada sinuosa para o aeroporto;
- Chover no meu dia de folga, que eu queria passar na praia;
- Meus gatos morrerem;
- Pedir uma pizza diferente da habitual, e ser meia-boca;
- Meu editor detestar este capítulo;
- Eu aparecer para palestrar e ser um desastre total;
- Detonar totalmente meus shorts preferidos com estampa de abacaxis sentando em alguma porcaria.

Agora, faça sua lista de e-ses. Similar a minha, ela deve se basear na **merda que ainda não aconteceu**.

Se você for uma pessoa geralmente ansiosa, famosa por olhar para o céu azul e imaginar um avião caindo em cima da sua espreguiçadeira, esse será um exercício fácil.

Se você se considera apenas um **ansioso circunstancial** — **preocupando-se com a merda somente quando ela acontece** — eu o invejo, meu consagrado. Mas ainda quero que faça a lista, porque realmente não importa se você vai se preocupar caso seu cabelo fique curto demais sempre que se sentar na cadeira do cabeleireiro. Qualquer dia desses, ele pode escorregar e fazer um corte assimétrico, e você terá que se acalmar e lidar com o problema — a estratégia é a mesma para todos nós. Use sua imaginação.

DEZ E-SES COM QUE PRECISO OU NÃO ME PREOCUPAR

_____

_____

_____

_____

_____

Em seguida, usaremos nossos probômetros e **classificaremos cada um dos possíveis merdacões por probabilidade.** Analisar os problemas racionalmente, com base em todos os dados — como o simpático cara do tempo da sua vizinhança os analisaria —, ajudará você a planejar o orçamento de seu fundo de surtos com eficiência.

Anotarei minha lista/classificação para que você possa seguir meu raciocínio.

> **Legenda**
> 1. ALTAMENTE IMPROVÁVEL
> 2. POSSÍVEL, MAS IMPROVÁVEL
> 3. PROVÁVEL
> 4. ALTAMENTE PROVÁVEL
> 5. INEVITÁVEL

DEZ E-SES COM QUE PRECISO OU NÃO ME PREOCUPAR: CLASSIFICADOS POR PROBABILIDADE

- **A chave de casa ficar presa na fechadura**
  Cat. 2 — POSSÍVEL, MAS IMPROVÁVEL

Pode parecer banal, mas me preocupo com isso porque já aconteceu comigo e meu marido teve que subir em uma escada e entrar pela janela, o que nos fez perceber o quanto nossas janelas eram inseguras, então instalamos trancas nelas. Portanto, se minha chave ficar presa na fechadura de novo, *ficarei* trancada do lado de fora com os mosquitos esperando o chaveiro, o que, sabemos, é algo perigoso nessa cidade. Como nunca descobrimos por que ela ficou presa daquela vez, tenho que supor que pode acontecer de novo. Entretanto, a proporção é de mil portas abertas para uma chave presa, então a probabilidade continua baixa.*

- **Uma palmeira cair no meu telhado**
  Cat. 2 — POSSÍVEL, MAS IMPROVÁVEL

Existem apenas duas palmeiras em zona de perigo perto de nossa casa, e houve dois furacões *verdadeiramente* de Categoria 5 que passaram em nossa cidade em duas semanas no verão passado. Até agora, tudo bem, mas, como eu disse, o clima pode mudar, então o colocarei na 2.

- **Mais tarântulas aparecerem em casa**
  Cat. 1 — ALTAMENTE IMPROVÁVEL

Estou aqui há vários anos e vi exatamente uma tarântula. Numa base diária, isso é tecnicamente cat. 1, embora seja um emocional 5. Filhotes emocionais, vocês vão para o cercadinho. Logigatos, fiquem de olho, ok?

- **Sofrer um acidente de carro na estrada sinuosa para o aeroporto**
  Cat. 2 — POSSÍVEL, MAS IMPROVÁVEL

Tive que refletir um pouco mais sobre este — isso acontece quando as preocupações são sobre merda potencialmente muito ruim. Meu primeiro instinto foi colocá-la na Cat. 4, Altamente Provável,

---

* Acho que, tecnicamente, desobedeci a minha regra sobre merda que ainda não aconteceu. Que se dane, o livro é meu.

Calma aí, P*rra! **79**

simplesmente porque, sempre que entro em um táxi, temo por minha vida. Sou uma passageira nervosa, igualmente apavorada em estradas de terra no terceiro mundo e nas bem conservadas de cinco faixas no mundo desenvolvido. E, se prestarmos atenção, sabemos que nosso nível de ansiedade *sobre* o problema não prevê a *probabilidade de ele ocorrer*. Não consigo me obrigar a chamá-lo de "altamente improvável" (vi, ahn, muitos acidentes a caminho do aeroporto); contudo, "possível, mas improvável" parece preciso e controlavelmente estressante.

- **Chover no meu dia de folga, que eu queria passar na praia**
  Cat. 4 — ALTAMENTE PROVÁVEL

Não inventei essa para impressionar — está chovendo agora (e choveu toda a manhã) *ao mesmo tempo* em que o sol está brilhando. Nunca vou entender a chuva tropical. DE ONDE A CHUVA VEM?

- **Meus gatos morrerem**
  Cat. 5 — INEVITÁVEL

Gatos são animais fascinantes e astuciosos, mas não são imortais. (Acho que há uma pequena chance de que Gladys e/ou Mister Stussy vivam mais do que *eu*, mas essa é uma Categoria 1.)

- **Pedir uma pizza diferente da habitual, e ser meia-boca**
  Cat. 1 — ALTAMENTE IMPROVÁVEL

Sou uma criatura de hábitos e sou muito boa em prever que sabores vão combinar em uma pizza. Sou dessas.

- **Meu editor detestar este capítulo**
  Cat. 1 — ALTAMENTE IMPROVÁVEL

Como dirigir em uma estrada sinuosa, esta é uma situação em que minha ansiedade inicialmente me obriga a prever um merdacão mais severo do que aparece no radar. Quando, na verdade, não é inevitável, tampouco altamente provável, que meu editor deteste este capítulo. Precisamos usar todos os dados disponíveis para fazer nossas previsões. E Mike? É do tipo amável, não hostil.

- **Eu aparecer para palestrar e ser um desastre total**
  Cat. 2 — POSSÍVEL, MAS IMPROVÁVEL

Mais uma vez, deixando as emoções de ansiedade de lado e focando dados concretos, tenho proferido inúmeras palestras que nunca foram um desastre. Mas não há motivo para agourar, então vamos classificá-lo como Categoria 2.

- **Detonar totalmente meus shorts preferidos com estampa de abacaxis sentando em alguma porcaria**
  Cat. 3 — PROVÁVEL

Na cidade em que moro, é praticamente impossível não se sentar em alguma porcaria em um lugar ou outro — seja terra, areia, um besouro esmagado, cocô de cachorro, óleo de motor ou um charuto velho molhado. Quando se vive dentro/fora de casa, vem sujeira. Com turistas, vem lixo. Com gente bêbada e crianças, vêm respingos. Ah, a vida nas ilhas. Eu achava que poderia manter esse tipo de merdacão na Categoria 1 se pelo menos não usasse meus shorts favoritos sempre que ia para... ah, deixa. A todo lugar que vou tem sujeira brotando. Aah! Em compensação, tenho uma máquina de lavar e sei usá-la! Isso, Categoria 3.

Revendo minha lista, você vai notar que, entre dez coisas aleatórias com que tenho me preocupado — **e que ainda não aconteceram** —, três estão na Categoria 1, Altamente Improvável. Isso são 33,3% de minha merda fora das telas, bem aqui.

As outras quatro estão na Categoria 2, Possível, mas Improvável. Já passamos por mais da metade dos meus e-ses, e eles estão tombando como moscas em um pote de mel.

Não sei você, mas eu já estou mais calma.

Então, você está preparado para classificar sua lista? Vou lhe dar um espaço extra para organizar seu processo de pensamento como fiz — porque, às vezes, você tem que se explicar *para* si mesmo antes mesmo que consiga compreender de onde vem.*

DEZ E-SES COM QUE PRECISO OU NÃO ME PREOCUPAR: CLASSIFICADOS POR PROBABILIDADE

Categoria: _____   Categoria: _____

---

* Essa pode ser a declaração mais profunda que farei em todo o sempre.

Categoria: ____ Categoria: ____

Categoria: ____ Categoria: ____

Categoria: ____ Categoria: ____

Categoria: ____ Categoria: ____

Sem estar aí para olhar por cima do seu ombro ou conhecê-lo pessoalmente (bem, a maioria de vocês. Oi, Dave!), tenho a impressão de que uma grande parte de seus e-ses está tomada pelas Categorias 1 e 2, como os meus, e que você pode e deve parar de se preocupar rapidamente. Mais adiante neste capítulo, mostrarei como fazer isso. (Pista: envolve A Pergunta que Decide Tudo.)

E, mesmo que você tenha uma incidência um pouco maior de 3, 4 e 5, está prestes a aprender muitas estratégias novas para passar por merdacões *descartando* **preocupações improdutivas** *e* ***organizando* uma resposta produtiva**.

Descongestionamento mental. Já falei, é do caralho.

Qual é seu status?

Depois de determinar lógica e racionalmente quais e-ses são prováveis merdacões, uma pergunta complementar útil é: **"Quando ele acontecerá?"**

Há três níveis de urgência:

REMOTO
IMINENTE
TOTAL

> **Exemplos de merdacões remotos**
>
> Você pode perder a próxima eleição.
>
> Pode não ser promovido tão depressa quanto deseja.
>
> Pode se machucar ao treinar para a maratona.
>
> Pode nunca receber uma ligação da garota que conheceu no bar.
>
> Pode não emagrecer a tempo da reunião de ex-alunos.
>
> Pode seguir os passos de seus pais e precisar de uma cirurgia de catarata algum dia.
>
> Pode ser passado para trás por um colega inventor no caso daquela patente.

Um merdacão remoto não só não ocorreu, como você não tem certeza se acontecerá. Na teoria, é mais fácil parar de se preocupar com eles porque são improváveis *e* distantes — baixa pressão e baixa prioridade. É irônico, pois situações de baixa pressão são as que criam verdadeiras tempestades, mas, novamente, as metáforas e antigurus que as empregam são imperfeitos.

Merdacões iminentes também ainda não ocorreram, mas têm formação mais sólida e é provável que você saiba se e quando vão ocorrer. Você ainda pode evitá-los, mas, caso não saiba, pelo menos pode se preparar para o impacto e reduzir as consequências.

Um merdacão total é aquele que já o atingiu. Talvez você tenha percebido sua aproximação iminente e tenha tido tempo para se preparar, ou ele pode ter surgido do nada, como um YouTuber de 12 anos que tem mais seguidores do que o Islamismo e o Cristianismo juntos. Não importa se os efeitos da tempestade são considerados leves ou severos (por você ou outra pessoa) — ela está aí, e você tem que lidar com ela.

Independentemente de o merdacão ser Categoria 1, Altamente Improvável, ou um Inevitável 5 — **se ainda não aconteceu, você tem menos urgência em se preocupar com ele do que se estiver prestes, ou se acabou, de acontecer.**

Entendeu?

> ### Exemplos de merdacões iminentes
>
> Você pode perder a eleição *amanhã*.
>
> Pode não cumprir seu prazo das 17h.
>
> Pode ser reprovado na prova de história segunda-feira.
>
> Pode ter problemas por causa da piada inadequada que fez na reunião.
>
> Seu financiamento pode não ser aprovado.
>
> Você pode perder a conexão do voo no Rio de Janeiro.
>
> Se sua irmã a vir saindo do prédio quando chegar, poderá descobrir que você dormiu com o namorado dela.

Maior a quantidade, maior a dificuldade

> **Exemplos de merdacões totais**
>
> Você derramou vinho tinto em seu vestido de noiva.
>
> Derramou vinho tinto no vestido de noiva de outra pessoa.
>
> Recebeu um diagnóstico assustador.
>
> Sua empresa o demitiu.
>
> Seu carro foi guinchado.
>
> Perdeu uma aposta alta.
>
> Seu filho quebrou uma perna.
>
> Sua mulher lhe disse que está grávida... de outro cara.

Certo, mas o que aconteceria se você tivesse tempestades *múltiplas* no radar e estivesse razoavelmente certo de que precisará gastar tempo, energia e/ou dinheiro preocupando-se/lidando com todas elas?

Há uma razão para existir a frase: "Mais dinheiro, mais problemas", e não "mais problemas, mais dinheiro". Você não tem uma entrada incrível de fundos de surto porque uma quantidade incrível de merda caiu no seu colo. **Continue usando a urgência como ferramenta para decidir a prioridade dos saques.**

Aqui está um pequeno teste:

1. **Você fez merda no trabalho, mas sua chefe ainda não sabe, porque está em viagem de férias por duas semanas.**

   Categoria: _____

   Status: _____

2. **Sua mulher está grávida de 9,2 meses.**

   Categoria: _____

   Status: _____

3. **Esta tem duas partes:**

a. **Seu carro é um modelo novo e relativamente confiável. E se ele quebrar?**

Categoria: _____

Status: _____

b. **Surpresa! Acabou de quebrar.**

Categoria: _____

Status: _____

RESPOSTAS:

1. **Categoria 4, Altamente Provável/Merdacão Remoto (Também aceitável: Categoria 3, Provável/Remoto)**

Você praticamente tem certeza de que sua chefe vai ficar furiosa quando voltar. Porém, isso será somente daqui a duas semanas, o que não é "iminente", de jeito nenhum. Muitas outras merdas podem acontecer em duas semanas — inclusive sua chefe ganhar outros incêndios mais urgentes para apagar em vez de gritar ou despedir você. (Não estou mandando dar uma de avestruz total — só que o momento de lidar com a irritação de sua chefe é se/quando ela realmente ficar irritada com você. Talvez ela volte tão extasiada com seu retiro peruano de ayahuasca que nem note o que você fez.)

Poupe seus fundos de surto por ora. Especialmente se (a) você não puder fazer nada sobre o fato de já ter feito a merda e (b) puder precisar desse tempo e energia mais tarde para pedir desculpas ou atualizar seu currículo.

2. Categoria 5, Inevitável/Merdacão Iminente

Esse bebê vai chegar logo, e você sabe disso. Você não tem controle sobre o quando e o como, mas pode se preparar um pouco para facilitar sua vida quando o momento chegar.

Tudo bem sacar seus FSs com prudência. Prepare-se para o momento da tempestade gastando algum tempo, energia e dinheiro arrumando uma mala de emergência, estocando o freezer com pratos prontos e dormindo — porque, quando o bebê chegar, é o fim de tudo entre você e o Sr. João Pestana.

3a. Categoria 1, Altamente Improvável/ Merdacão Remoto

3b. Categoria 1, Altamente Improvável/ Merdacão Total

Baseado nas informações contidas na primeira parte da questão, esse deveria ser um Categoria 1, fácil. Mas, como sabemos, A MERDA ACONTECE — às vezes, até a merda altamente improvável —, e, quando seu status passar de remoto a total, você tem que lidar com ela com prioridade maior do que com qualquer uma das outras duas tempestades no radar.

Priorizar com base na urgência. BUM.

Você vai precisar de um carro que o leve para o trabalho nas duas últimas semanas em que decididamente ainda tem um emprego e para levar Margaret ao hospital em algum momento, bem, iminente.

Saque seus FSs imediatamente. Chame um mecânico e contrate um guincho para levar seu Volvo para a oficina, depois ligue para a Hertz para alugar um carro até o final do conserto.

Ah, espere, o que foi isso? A bolsa de Margaret estourou? Droga. Outro merdacão total! Nesse caso em especial, não é preciso ser gênio para decidir que a chuva de fluido amniótico em cima de você e do seu sofá deve ser sua preocupação número um. O bem-estar de Margaret é prioritário, e você pode lidar com o problema do carro quando tiver uma folga na situação.*

Hora de repriorizar. Em vez de um mecânico, chame um Uber. E um serviço de limpeza.

Se correr, o bicho...

Quando mais de um merdacão estiver brigando por prioridade máxima, escolha uma para focar *agora*. Você sempre pode mudar o foco, mas, se tentar uma dupla jornada, vai estourar seus fundos de surto mais depressa do que o Johnny Depp acaba com um monte de pó colombiano no filme *Profissão de Risco*, e ficará maluco enquanto o faz. Estou até vendo — você vai tentar trocar a correia do ventilador de Margaret e implorar ao mecânico que aplique uma peridural com um sotaque cafona de pirata que acha que é o Keith Richards dos mares. Se quiser manter a sanidade, escolha um caminho.

---

* Hahaha você está prestes a ser pai. Não haverá folga na situação por, pelo menos, 18 anos.

- **PERGUNTA DO TESTE COM CRÉDITO EXTRA:**
  **Você se perde durante uma caminhada em Sierra
  Madres (merdacão total), e quebra o dedão do pé em
  uma enorme pedra idiota (merdacão total *numero dos*),
  no exato momento em que um helicóptero de resgate
  está girando em círculos sobre sua cabeça. Você gasta
  seu tempo e energia enfaixando seu dedão quebrado
  ou dando pulos e acenando com sua tocha de sinali-
  zação na esperança de conseguir uma carona para o
  pronto-socorro mais próximo?**

  Resposta: P-R-I-O-R-I-Z-E. Pule para salvar sua vida! Faça sinal para o helicóptero! (E levem mais de um sinalizador, crianças. Segurança em primeiro lugar.)

Recapitulando: Quando se trata de merdacões remotos, iminentes ou totais, como você deve se preparar?

- Espelhe-se nos meteorologistas e faça previsões com base
  nos dados disponíveis.
- Pergunte-se não só *qual é a probabilidade de isso acontecer comigo?*, mas também *Quando?*
- E, antes de você gastar seus fundos de surto, faça-se a pergunta que decide tudo: *Posso controlar isso?*

Controle seus surtos

Nesta seção, vou levá-lo por uma rodada de treinamento de "Posso controlar isso?" Mas, primeiro, quero examinar **os diferentes *tipos* de controle que você poderá exercer em qualquer situação ou não**. É uma escala móvel, e você aprenderá a compreender as nuances.

> **Fora de seu alcance:** São coisas que você não pode controlar de jeito nenhum: como o tempo, as ações de outras pessoas, a quantidade de horas do dia e as chances que seu namorado vai lhe dar antes de se cansar de seus *e se ele estiver me traindo* e lhe der um pé na bunda porque você é carente e desconfiada.*
>
> **Faça uma contribuição:** Você não pode controlar o maior problema de base, mas pode fazer sua parte para minimizar seus efeitos. Em termos do tempo, você não pode controlar a chuva, mas pode controlar *se* vai sofrer profundamente ou não com seus efeitos se lembrar de levar o guarda-chuva. Você não pode controlar a quantidade de horas do dia, mas pode controlar *se* passa tempo demais assistindo a tutoriais de maquiagem em vez de fazer seu imposto de renda, como deveria. E você não pode controlar o grau máximo de tolerância de Randy para os seus "QUEM É ELA?" na página dele no Facebook, mas pode controlar *se* vai continuar a digitar essas

---

* Esta Categoria 4 vai para uma seguidora do Twitter que parece admiravelmente autoconsciente e destinada a ficar solteira para sempre.

Calma aí, P*rra!   **91**

três palavrinhas. (Ou você pode simplesmente romper com Randy, porque, fala sério, onde há fumaça, há fogo.)

Sob sua influência: Se não puder controlar esse problema, poderá *influenciá-lo profundamente* — como "não dormir demais", ajustando o alarme. É possível que algo impeça o alarme de tocar (como falta de energia ou um rato roer o fio), ou você de ouvir o canto da sereia (como acidentalmente apertar desligar em vez de soneca)? Claro, mas essa é uma Categoria 1, Merdacão Altamente Improvável, e você sabe disso. Ou... devo deduzir a partir dessa linha de questionamento que você não quer mesmo se acalmar, porra?

Ai-aii. Vamos continuar.

Controle completo: Esta é a merda que você sempre controla por completo, como as palavras que saem da sua boca e se você está ou não usando calças compridas.

Como declarei, e continuarei martelando no seu crânio como os antigos adeptos da lobotomia, **preocupar-se é desperdiçar seu precioso tempo, energia e dinheiro. E preocupar-se com coisas que você NÃO PODE CONTROLAR é o maior desperdício de todos**. Isso se aplica a ansiedades de baixo nível e merdacões altamente prováveis. Problemas com amigos, parentes, chefes, colegas de trabalho, carro, conta bancária, namorado, namorada, tarântulas — os que você tem poder de resolver, as preocupações que VOCÊ pode descartar e a resposta que VOCÊ pode organizar —, esses são os que você deve focar.

Conforme prometido, é aqui que a pergunta que decide tudo realmente brilha, de ansiedades existenciais a todos os tipos de catástrofes. Aqui está ela em ação:

- **E se eu disser a minha melhor amiga Rachel o que realmente acho de sua franja nova e ela nunca me perdoar?**

Posso controlar isso? Totalmente. Feche a matraca, e sua amizade ficará intacta.

Ou:

- **E se eu acidentalmente gritar o nome de outra mulher na cama com minha namorada nova?**

Posso controlar isso? Sim. Pelo amor de Deus, Randy, controle-se. Não surpreende que sua namorada não confie em você.

O que acha disso:

- **E se rumores sobre uma disputa da associação se concretizarem e provocarem o cancelamento do rali de monster truck na próxima quarta-feira com que eu estava tão empolgado?**

Posso controlar isso? A menos que você seja o presidente da Associação de Monster Truckers, decididamente, não. O que significa que o ideal é que você DESCARTE essa preocupação. (Vou passar para "Ok, mas *como* eu a descarto?" daqui a pouco. Seja paciente — não é como se você tivesse que participar de um rali de monster truck.)

Calma aí, P*rra! **93**

Ou:

- **E se algo ruim acontecer com as pessoas a quem dei orientação errada?**

Posso controlar isso? Sim, dizendo ao próximo jovem casal gentil de Bismarck que seu senso de direção é terrível e que é melhor eles perguntarem a um hidrante. É extremamente fácil extinguir esse e-se desde o início — tome como exemplo alguém que acha que virar à direita significa automaticamente ir para o "leste".

E, às vezes, é possível que você tenha de **dividir uma grande preocupação em partes menores** — algumas que você pode e algumas que não pode controlar.

- **E se eu rir tanto a ponto de molhar a calcinha durante o espetáculo de stand-up de meu amigo?**

Posso controlar isso? Antes de tudo, você tem sorte se seu amigo comediante é realmente tão divertido. Se tem propensão a ter vazamentos enquanto ri, talvez não seja capaz de controlar a bexiga, mas você pode fazer uma contribuição para seu preparo geral. Há muitas opções na gôndola de produtos de higiene que foram inventados expressamente para ajudá-la a lidar com esse problema.

Isso está tão divertido que acho que deveríamos experimentar mais alguns — dessa vez, sobre e-ses tirados diretamente dos cérebros pulsantes dos meus seguidores no Twitter.

Com que merda as pessoas na minha timeline do Twitter estão preocupadas? Elas podem controlá-la?

- **Estou feliz e em um bom relacionamento, mas e se esperarmos demais para casar e nunca tivermos filhos?**

Posso controlar isso? Essa é uma merda que pode ser facilmente influenciada por você. Você não precisa ter controle total sobre ficar grávida, mas, em termos desse e-se específico, *pode* controlar "não esperar demais" para começar a tentar. Você sabe como funciona toda essa história de envelhecimento de óvulos e, se for necessário, pode explicá-la a Dan. Entretanto, se tiver que explicar a situação a Dan... talvez Dan devesse ter prestado mais atenção às aulas de biologia na escola.

- **E se eu nunca encontrar uma escapatória para meu emprego extenuante?**

Posso controlar isso? Sim. Você só não encontra o que para de procurar. Acho que foi Yoda quem falou isso. Meio que um antiguru, esse cara.

Calma aí, P*rra! **95**

- **E se eu estiver falhando como adulto?**

Posso controlar isso? Sim. Adultos fazem coisas como pagar impostos, assumir responsabilidade por seus atos, preparar seu jantar e aparecer no horário para o exame de próstata. Faça essas coisas e você estará tendo êxito como adulto. Se seu e-se for de natureza existencial, talvez você deva procurar um hobby. Adultos também os têm.

- **E se eu decidir não ir para casa para visitar minha família neste final de semana e algo ruim acontecer a eles e eu sentir remorso para sempre?**

Posso controlar isso? Sim. Se sua meta é não ter que se preocupar com essa questão, vá visitá-los. Se você estiver realmente pedindo permissão para não dirigir seis horas até a capital no trânsito congestionado do feriado e *também* não quiser se preocupar com as consequências dessa decisão, use seu probômetro. Qual é a probabilidade de algo acontecer com sua família, neste fim de semana entre todos os fins de semana? Esse é uma Categoria 1, não é? Você sabe o que fazer.

- **E se meu filho não tiver os problemas de desenvolvimento que os médicos acham que tem, e não passar de um sociopata em desenvolvimento?**

Posso controlar isso? Nossa! Sinto dizer, você não pode controlar *se* o garoto for um sociopata. Você não pode nem mesmo influenciar a situação, se estivermos falando em termos de um merdacão que envolva DNA. Mas você pode contribuir para a causa em geral ao continuar procurando ajuda para ele. (E, talvez, uma segunda opinião, enquanto isso. Nesse caso, parece prudente.)

- **E se todos meus amigos me detestarem secretamente sem eu saber?**

Posso controlar isso? Vou pedir que consulte seu cara do tempo interior para determinar a probabilidade desse cenário. Reúna todos os dados disponíveis. Se seus amigos são legais com você e não evitam suas ligações nem falam merda a seu respeito em grupos de bate-papo que acham que você não vai ver, a menos que não saibam que Sondra está sempre deixando seu celular desbloqueado na mesa quando vai fazer xixi, provavelmente não o detestam. Se eles *fazem* essas coisas, não acho que estejam mantendo segredo. Não sei se entendi a pergunta.

- **E se eu tiver um bebê feio?**

Posso controlar isso? Não. E, além disso, todos os bebês são feios. Você só sentirá o que vai ser dessa coisinha muito tempo depois na vida, e, mesmo então, a puberdade faz coisas terríveis com o ser humano.

- **E se a democracia estiver falhando e meus filhos estiverem correndo perigo mortal por causa disso?**

Posso controlar isso? Na verdade, não. Mas, por favor, vote. Ou se candidate a um cargo. Todos precisamos de você.

- **E se eu for dispensado sem aviso-prévio?**

Posso controlar isso? Ser dispensado? Não ser despedido, mas ser dispensado sem motivo, como você disse, "sem aviso-prévio"? Não. (Vem cá, a resposta tá ali, na pergunta!) Por outro lado, se estiver perguntando e se for *despedido* sem aviso-prévio, bem, aposto que, se seu chefe planeja despedi-lo, deve ter lhe dado muitos indícios — você só não os percebeu.

- **E se meus pais idosos começarem a ficar doentes?**

Posso controlar isso? Na verdade, não. Você pode encorajá-los a fazer chekups regulares, tomar remédios e talvez entrar para uma aula leve de hidroginástica para se manterem ágeis, mas você não está no controle da saúde ou do processo de tomada de decisões sobre a saúde de ninguém. Se eles forem em frente e ficarem doentes, você pode se preocupar com eles.

- **E se eu for mordido por um guaxinim?**

Posso controlar isso? Sim. Não passando seu tempo com guaxinins. Quem é você, o Groot?

Finalmente, mas não menos importante, uma pergunta que se destacou por uma razão estranhamente pessoal:

- **E se meus dentes caírem?**

Posso controlar isso? Você pode influenciar intensamente a saúde de seus dentes escovando-os com regularidade, usando enxaguante bucal, passando fio dental (hein), indo ao dentista, usando um protetor dental à noite e ficando longe de hóquei no gelo e de caras chamados Wonka. Entretanto, esse tuíte em especial me fez refletir, não porque estou conscientemente preocupada com o destino dos meus pré-molares, mas porque tenho um sonho em que perco os dentes a cada poucos meses e, quando pesquisei em livros de interpretação de sonhos, descobri que dentes que caem ou se quebram indicam uma sensação de impotência na vida real. Em outras palavras, perda de controle. Então é isso! Aparentemente, minha ansiedade tem raízes tão profundas que penso em e-ses durante o sono.

Se a resposta for não, é assim que você vai deixar o problema de lado

O que pode representar uma surpresa depois que você ler a seção anterior é que NADA DISSO DEVERIA SER SURPRESA PARA VOCÊ.

Você pode controlar isso (ou aspectos disso) — sim ou não? **Você já sabe a resposta, amigo.**

Determinamos que você não pode, por exemplo, *controlar* ser dispensado de repente. Mas, se você se preocupou com isso, entendo de onde está vindo. Quando eu tinha meus 20 e poucos anos, a capacidade de realizar bem o meu trabalho não era questionada. Eu não corria o risco de ser despedida por um motivo justo. Mesmo assim, eu me preocupava muito em perder meu emprego por causa de reduções de pessoal ou outros fatores a nível corporativo, que eu definitivamente não podia controlar.

Lembro-me de ter essas preocupações. Lembro-me de pessoas me dizendo que tudo ficaria bem e que, afinal, eu não podia controlar a situação, então tentava deixar de lado e parar de surtar a respeito.

E me lembro de pensar *É FÁCIL FALAR, SUA BESTA.*

Ou, como um dos meus seguidores no Twitter disse mais educadamente: **"Como passo de entender que não vale a pena me preocupar para *realmente não me preocupar?*"**

Excelente pergunta. Quando você RECONHECER o problema, começará a deixar suas preocupações sobre o dito problema de lado e a ACEITAR as coisas que não pode controlar — a propósito, uma habilidade que mais de 60% das pessoas que pesquisei anonimamente ainda precisam dominar.

Espero que esses mesmos 60% estejam lendo, porque é realmente mais fácil de fazer do que eles — ou você — podem imaginar.

Banho de realidade, por favor!

Observe o seguinte: não uso a palavra "aceitação" no sentido de que, de repente, você deva se sentir *feliz* com qualquer merda que aconteceu que não pode controlar. É totalmente compreensível — principalmente no curto prazo — ficar muito aborrecido com a merda que não podemos controlar, como Ross ficou quando Rachel rompeu com ele em *Friends* com estas palavras: "Aceite isso."*

Mas, se você tivesse sido dispensado, levado um pé na bunda ou chutado, fatos são fatos. Continuar a gastar tempo, energia e dinheiro — no longo prazo — ficando ansioso, triste ou zangado, ou fugindo do problema, é um desperdício de fundos de surto.

Garota, não aja como se não soubesse disso. Já vimos isso centenas de vezes.

Para atender ao objetivo deste livro e executar o Método de Não Preocupação, **uso a palavra "aceitar" com o significado de "entender a realidade da situação"**.

Isso não é tão difícil, é? Se pode aceitar que o céu é azul, a água é molhada, *macarons* são decepcionantes e uma enganação como sobremesa, você pode aceitar as coisas que não pode controlar.

HURRA! Sarah Knight jogando bombas de bom senso desde 2015.

Caia na real

Um precursor comum das Faces do Surto é a incapacidade de aceitar a realidade. De certa forma, você se preocupa com algo que ainda não aconteceu, o que significa que ainda não é, exatamente, "real". Um e-se existe em sua imaginação; só quando se torna real ele vira um problema que você pode reconhecer, aceitar e enfrentar. Ou talvez esteja surtando porque não pode forçar o resultado que quer, ou seja, um resultado não "realista". Enquanto isso, pense nisto:

---

* Do episódio "Aquele da manhã seguinte".

> O caminho dos e-ses e da preocupação até se acalmar, por-
> ra, é uma linha reta de "coisas que existem em sua imagina-
> ção" a "coisas que existem na realidade" e então "aceitar essas
> coisas como reais".
>
> Que tal reler isso algumas vezes só para ter certeza de que sente
> o cheiro do que estou cozinhando? Na verdade, logo a seguir há um
> gráfico que você pode copiar e manter na carteira ou levar ao Spike,
> da *Agulha Gentil*, para que ele possa tatuá-lo em seu peito para rea-
> firmação diária.

**Quando você responde à pergunta que decide tudo com um
não, você *já* aceitou a realidade.** Você admitiu que não pode
controlar algo! Simples assim. O que significa que você quase se
acalmou — para completar a Etapa 1 do Método de Não Preocupação só falta DESCARTAR essa preocupação irreal e improdutiva como o bom e pequeno organizador mental que eu sei que
você pode ser.

Para fazer isso, você tem duas opções.

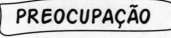

PREOCUPAÇÃO
↓
FATO QUE EXISTE EM SUA IMAGINAÇÃO
↓
FATOS QUE EXISTEM NA REALIDADE
↓
ACEITAR ESSES FATOS COMO REAIS

ACALMAR-SE, P*RRA!

Opção 1: Deixa pra lá, p*rra

Você ainda acha que é mais fácil falar do que fazer? Ótimo. Mas vou incentivá-lo a pensar em tudo que discutimos até agora e aplicar caso a caso.

Se estiver trabalhando com essas categorias de merdacões como ensinei, deveria ser capaz de reduzir a carga de preocupações imediata e significativamente. Se é altamente improvável que um fato ocorra, por que se preocupar com ele? E, se ele está bem distante, por que se preocupar com ele AGORA?

Ah, e é um fato que você pode controlar? Não? Humm. Então não há motivo para você gastar tempo, energia e dinheiro preciosos com ele, de jeito nenhum.

Parece simples, não é? Como... talvez o tipo de coisa que você já saiba?

Bem, acho que você SABE, em algum lugar no fundo do seu coração — eu só o estou ajudando a acessar esse conhecimento. Não tem nada demais em um pouco de trabalho em equipe. Descobri que, em momentos de estresse, nem sempre as pessoas conseguem fazer as conexões razoáveis que outros podem fazer *por* elas, se eles tiverem um prazo razoável e um estoque ilimitado de Doritos para se sentar diante do notebook e pôr tudo para fora.

É uma relação simbiótica, sua e minha.

O que quer dizer que não estou nem um pouco surpresa que você não possa simplesmente deixar suas preocupações pra lá antes de pegar este livro — mas ficaria muito surpresa se agora você não puder simplesmente deixar um monte delas pra lá.

Opção 2: Dê uma de Houdini com essa merda

Ao contrário de Bryan Cranston, cujo personagem começa furioso, mas acaba por gostar do sujeito que está tentando se casar com sua filha no filme criminalmente menosprezado *Tinha que Ser Ele?*, você não pode contar em ficar feliz com a coisa que, agora mesmo, deixou você superaborrecido.

Mas você PODE ficar feliz (ou se acalmar, ser proativo etc.), agora mesmo, *com algo* totalmente diferente — o que, por sua vez, faz você parar de se preocupar com o fato original.

Tcham-ram! Chamo essa técnica de **"truque da mente"**.

É como quando estou surtando por causa de um prazo, e dou um mergulho na piscina para arejar a mente. Isso não muda o fato de haver cinco mil palavras que devem estar na caixa de entrada de alguém amanhã, mas muda temporariamente meu foco de *sou uma fraude e nunca mais vou escrever uma sílaba* para *ah, que delícia*.

Assim como um truque de prestidigitação possibilita ao mágico desempenhar seu número emocionante, o truque da mente fará com que nossas preocupações desapareçam — pelo menos temporariamente e, talvez, até para sempre. (E não me venha com "Isso é trapaça!" Prometi truques lá na página um. Você precisa começar a me levar a sério.)

Agora, lembre-se do Outro Lado das Quatro Faces do Surto:

ANSIOSO? → **FOCO**

TRISTE? → **CONSERTE-SE NO AMOR**

ZANGADO? → **VÁ NA PAZ COM LÓGICA**

FUGINDO? → **VIRE A MESA**

É aqui que a mágica acontece, pessoal. Agora, vou lhes apresentar uma coleção de truques simples e elegantes que você pode esconder em sua manga volumosa para quando a preocupação ficar intensa e a intensidade pedir para PARAR DE SE PREOCUPAR.*

Como parar de ficar ansioso sobre algo

Os e-ses estão se multiplicando na tela do radar. Seus nervos estão frágeis, seus dentes, desgastados até a raiz, e você não consegue parar de pensar demais na merda que está prestes ou acabou de acontecer.

Jim, você precisa de FOCO! (Em outra coisa.)

Mande a ansiedade para aquele lugar. Quando estou ansiosa, ando pela casa agitando os dedos como se estivesse tocando piano no ar ou fazendo "mãos de jazz" (movimento de dança com a palma estendida para frente e dedos abertos). Meu marido os chama de "dedos organizadores", já que eles sempre sinalizam o

---

* Para continuidade linguística em relação ao Método de Não Preocupação, uso "preocupação" aqui para indicar "qualquer meio através do qual você esteja exibindo sinais de surto".

prelúdio de uma organização semifrenética. Mas, além de arrumar os armários da cozinha ou limpar a mesa de centro das revistas velhas, estou temporariamente canalizando minha ansiedade para algo produtivo e (para mim) reconfortante.

Talvez você não goste da arrumação como terapia, mas certamente há outra atividade prática de que goste e possa realizar quando sentir sua Face de Ansiedade se instalar. Talvez recolocar as cordas do seu violão, remendar um par de meias ou consertar a minúscula bicama da casa de bonecas de sua filha. (Já é hora de admitir que a casa de bonecas é *sua*, Greg.)*

Continue com P.O.P., Problemas de Outras Pessoas, é isso aí. Talvez você não tenha um terapeuta de plantão — mas tenha amigos, parentes, vizinhos e o cara do correio com uma barba que parece estar abrigando gansos que se perderam na sua viagem para o sul para passar o inverno. Bata um papo com eles. Pergunte a sua irmã como ela vai e ouça a merda *dela*. Libere parte de sua ansiedade dando conselhos que provavelmente você, hmm, deveria seguir, cacete.

É mais difícil ficar ansioso por qualquer fato em especial quando você não dá espaço mental para remoer o assunto — e um jeito ótimo para conseguir isso é encher o citado espaço com conversas, interação humana e os problemas das *outras pessoas*. Como você acha que eu mantenho a calma atualmente? Passo o ano todo dando conselhos a você.

---

* Alguém ansioso em terminar o livro a tempo também pode ter podado um arbusto de papiro gigante com a tesoura de cozinha hoje.

O você de hoje à noite encontra o você de amanhã

Este parece ser um bom jeito de enfrentar a tarântula na sala, que é quando ansiedade e preocupações o mantêm acordado à noite, e você consegue dar nome ao seu problema (Bom trabalho!), mas não, necessariamente, resolvê-lo.

Eu entendo, motivo pelo qual quero gastar um momento para lhe apresentar uma das minhas duplas de mágico e assistente preferidas: **você hoje à noite e você de amanhã**.

Digamos que sejam 3h de sexta-feira e você não consegue dormir porque na terça-feira você fez um comentário ríspido para sua colega Ruth e está preocupado por ela tê-lo interpretado como um insulto, mesmo que ela não tenha demonstrado isso no dia e apesar de que nenhuma palavra saída de sua boca possa ser considerada, por qualquer ser vivo, como uma crítica.

Mesmo assim. *E se?!?*

Bem, se são 3h, então o você de hoje à noite NÃO PODE ligar para Ruth e NÃO PODE dizer que espera que ela não esteja ofendida por aquela coisa que você disse e NÃO PODE se sentir melhor a respeito quando ela responder: "O quê? Eu nem lembro o que você disse, então é obvio que não fiquei ofendida, seu tonto."

Mas o **você de hoje à noite PODE preparar o você de amanhã para o sucesso** — tendo uma ótima noite de sono, chefia.

108   Calma aí, P*rra!

Eu sei que talvez você pense que é impossível adormecer quando está ansioso em acertar a situação com Ruth ou quando sua lista de tarefas a fazer está passando em sua mente em um ciclo interminável como o NASDAQ em Times Square, **mas preste atenção — esta pode ser a parte mais útil em todo este compêndio sobre calma**.

Primeiro, pense no problema em termos do que discutimos até agora:

Adormecer é a questão mais urgente, então deve ser sua prioridade, certo? *Xeque.*

Além disso, é a única parte dessa equação sobre a qual você tem algum controle agora *e* que pode realmente resolver, certo? *Xeque outra vez.*

Isso é a realidade. Você consegue aceitá-la? *Xeque-mate.*

Ah, mas não tão depressa, tá? Sinto o cheiro do seu aborrecimento daqui — um forte cheiro almiscarado de *foda-se* com um quê de *não seja condescendente comigo, dona.* Você sente como se estivesse sendo pressionado a fazer algo que simplesmente não pode, mesmo sabendo que é bom para você? Também entendo isso. Qualquer que seja o motivo, às vezes é impossível seguir conselhos bons e sólidos de outras pessoas. Definitivamente, um risco profissional que *eu corro.*

Então, vamos analisar seu problema por outro ângulo, talvez pelas lentes dos meus 20 anos — uma época em que os apelos do meu então namorado, agora marido, para que eu me hidratasse a cada terceiro coquetel pareciam mais broncas do que sugestões, e quando *mesmo sabendo que ele tinha razão*, eu não gostava de ser pressionada, tratada com condescendência ou antecipadamente envergonhada pela ressaca do dia seguinte. Não, não havia jeito melhor de ativar a face-de-você-não-pode-me-obrigar do que dizer à Sarah Knight depois de alguns V&Ts [vodca&tônica] que ela "deveria tomar um pouco de água".

Eu me arrependi pela manhã? Sim. Segui seu conselho da próxima vez? Não. Era um círculo vicioso com um toque de limão.

Então, em um dia abençoado, um amigo me apresentou ao conceito de "espaçador" e tudo mudou. Aquele não foi um copo de água idiota que alguém *mandou* eu tomar. Não, era um espaçador! Tinha um nome divertido! E eu controlo minha narrativa escapando até o bar e pedindo um. Meu espaçador, minha escolha.

Para onde raios, você pensa agora, *ela está indo com isso?*

Bem, além de ter acabado de lhe apresentar a segunda parte mais útil de todo o livro, eu diria que tomar um espaçador por conta própria é semelhante a decidir ir dormir. Em termos de estar em um estado em que você sabe o que deveria fazer, mas não gosta que lhe digam para fazê-lo. Estar "embriagado" é como "ser jogado em um frenesi de ansiedade e insônia", não é mesmo?

Entendo seu ponto de vista. Mas e se eu simplesmente não conseguir adormecer, mesmo que concorde que é o melhor para mim?

Bom, estou feliz por termos chegado a algum lugar. Porque acho — com base em extensa experiência pessoal — que você PODE vagar até a terra dos sonhos se abordar a tarefa de modo diferente do que tem feito. Se assumir o controle da narrativa. Se tratar "ir dormir" como um espaçador ou ticar um item da lista de coisas a fazer. Prepare sua mente para realizá-la e, assim, sentir-se realizado em vez de se sentir um fracasso muito cansado.

Mas você não estará lá para me lembrar dessa parte útil todas as noites, quando meu cérebro entra em um estado de alta concentração — e, para ser sincera, mesmo que eu estivesse, você ainda ficaria se achando a respeito dessa coisa toda.

Anotado. Mas lembra o você de hoje à noite e o você de amanhã? Estão esperando nos bastidores para o grand finale...

Certa noite, eu estava me revirando como um daqueles peixes chineses de celofane que dizem o futuro, e meu marido me olhou e disse: **"A tarefa da Sarah de hoje a noite é dormir. A Sarah de amanhã pode lidar com essa merda amanhã."**

Então pensei a respeito e dei as ordens para o eu da noite tomar seu rumo.

E funcionou!

Talvez ele o tenha adaptado do truque do espaçador quando viu como penetrou bem minhas defesas, ou talvez eu tenha me casado com um mago, mas não importa, porque, desde então, reestruturei a conversa de não consigo dormir — COMIGO mesma — e **mudei meu foco de não ser capaz de fazer a única coisa que *quero* tanto fazer, para a única que *posso* fazer.**

Calma aí, P*rra! **111**

> **Outros meios de reduzir a ansiedade que não inventei, mas que funcionam**
>
> Respirar fundo. Inspirar pelo nariz até 4, expirar pela boca até 6.
>
> Ioga.
>
> Sexo.
>
> Banho de espuma.
>
> Contar até 100 devagar.
>
> Suplementos de magnésio.
>
> Livros de colorir para adultos.

E você sabe, sempre confiei no eu de amanhã para lidar com as tarefas de amanhã, partindo do pressuposto que ele consiga descansar. Mas reconheço que é função do eu de hoje à noite fazer com que ele chegue à linha de partida com boa saúde mental.

Pois é, truque da mente. É. Decididamente, casada com um mago.

Mas você não precisa usar nossas sugestões. Use as do você de hoje à noite — o você de amanhã agradecerá.

Como parar de ficar triste com alguma coisa

Que outra palavra usamos para lamentação, tristeza, melancolia, desespero, desânimo e depressão? SOFRIMENTO. Você está sofrendo, então precisa se curar. Conceda-se tempo e energia suficientes para ficar triste com qualquer merda que o deixe preocupado e choroso.

Depois, prenda seus filhotes emocionais e combata os uivos prolongados com uma dose de AUTOCUIDADO.

O riso é o melhor remédio: De forma muito semelhante a "Calma aí, P*rra!", a frase "Troque a cara feia por um sorriso" é um conselho geralmente mal aceito por quem está prestes a surtar.

Eu sei, mas vou falar, mesmo assim, porque essa merda *funciona*. Por exemplo, quando estou me sentindo terrivelmente deprimida, uma certa dança/sincronia labial patenteada do C + C Music Factory sempre me puxa da beira do penhasco. Se alguma coisa o deixa para baixo, procure ajuda em coisas que realmente o alegrem. Fotos de gatos. Vídeos de pessoas voltando da anestesia. Talvez um filme classificado como "criador de sensações boas"? Qualquer coisa do tipo de *A Escolha Perfeita* serve.

Mesmo que esse truque o impeça de se preocupar apenas durante uma música (no meu caso, "Things That Make You Go Hmmm...") — você parou, não é mesmo? Progresso!

Você merece um presente: quando alguém está triste, esteja sofrendo, ou se recuperando, você pode fazer uma visitinha e levar algo apetitoso para ajudar a pessoa a superar a dificuldade — tortas, biscoitos, uma cesta de frutas. Por que não se conceder o mesmo tratamento gentil? O presente não precisa ser algo comestível — algumas pessoas preferem receber uma massagem de um salvadorenho fortão chamado Javier. Assim, faça a si mesmo o que faria aos outros e troque as preocupações por uma ida às Lojas Americanas ou uma hora sob as mãos de Javi. Delícia, os dois.

> **5 coisas com que parei de me preocupar enquanto comia uma barra gigante de Snickers**
>
> Exames finais.
>
> Trovões.
>
> Dívidas do cartão de crédito.
>
> Proliferação nuclear
>
> Aquele rato que vi do lado de fora da loja em que comprei o Snickers.

Como parar de ficar zangado por alguma coisa

Proferir com raiva, gritando "Cale a porcaria dessa boca!" a cada cinco minutos enquanto empurra o cabo de uma vassoura no buraco da cerca que separa seu quintal do novo galo de estimação do vizinho é uma forma de passar o tempo, mas não é um bom uso dos fundos de surto de longo prazo. Pode acreditar.

Em vez disso, acalme-se, porra, e redirecione esse tempo e energia a atividades mais PACÍFICAS.

Resolva malhando. Eu disse que não faria você usar a força física durante seu descongestionamento mental, mas, às vezes, conto umas mentirinhas, como a moça que fez virilha total em mim pela primeira vez e me disse que o pior já tinha passado, e *então depilou a parte central*. QUE PORRA FOI ESSA, MULHER?!

Mas estou divagando.

A serotonina, conhecida como o "hormônio da felicidade", é naturalmente estimulada de várias formas, incluindo exercícios. Mas isso não significa que você tem que arrastar seu traseiro para a academia, *per se*. Claro, você pode gastar sua raiva correndo na esteira ou moer os músculos até ficar calmo — se isso funciona para você, vá em frente. Às vezes, até gosto de uma caminhada de baixo impacto na praia para livrar a mente de pensamentos (galo)micidas. Tem uma escada no seu escritório? Suba e desça até que você não queira mais fazer um novo furo no seu chefe com o próprio alfinete da gravata. Terreno vazio perto de casa? Faça piruetas! Terreno vazio perto de casa à noite? PIRUETAS NU.

114   Calma aí, P*rra!

Arquitete sua vingança. Espero que não me destituam de guru por causa disso, mas digamos que você more no andar abaixo de Carl e suas festas regadas a drogas noite adentro, e cada manhã a sua raiva aumenta enquanto ele e seu bando finalmente desabam em sono profundo. Em vez de despertar seu lado mais sombrio, você pode se animar classificando mentalmente jeitos de retribuir a gentileza de seu vizinho. Você não precisa colocá-los em prática — apenas pensar na confusão que você *poderia* criar para seus inimigos é um ótimo meio de melhorar o humor. (Embora "acidentalmente" jogar uma garrafa de caldo de amêijoas pela janela aberta do carro de Carl a caminho do trabalho também seja divertido.)

> **5 formas de vingança divertidas de pensar**
>
> Escrever o número do inimigo e o de um serviço "sacana" na porta do banheiro de um bar de reputação duvidosa.
>
> Ou, de 50 banheiros de um bar de reputação duvidosa.
>
> Pedir um toque de despertar às 04h no quarto de hotel dele.
>
> Enviar uma caixa cheia de pimenta-do-reino em pó pelo correio.
>
> Encher os bolsos da calça de seu inimigo com chiclete bem antes de serem lavadas.

Como parar de fugir de algo

Se a ansiedade fizer você pensar demais, ficar sobrecarregado ou superestimulado, a fuga o enviará para o lado oposto. Suas preocupações o paralisam pela inércia, indecisão e incapacidade de agir. Talvez você *ache* que está poupando fundos de surto com toda essa inércia, mas na realidade está desperdiçando muito tempo que poderia ser usado de outro modo, como limpar a merda do seu prato. É a diferença entre cochilar como um meio saudável de cuidar de si mesmo e cochilar como mecanismo de ação não saudável. Não vamos estragar nosso cochilo, certo?

Em vez disso, experimente essas alternativas ATIVAS:

Alarme-se. Se estiver adiando algo — por exemplo, ter "aquela conversa" com seu filho adolescente — use a função alarme do seu smartphone ou relógio para lembrá-lo da tarefa dez vezes ao dia até que você prefira desenrolar um preservativo em uma banana a ouvir aquela musiquinha infernal MAIS UMA VEZ. Mesmo que você se acovarde mais uma vez, terá sido obrigado a reconhecer a situação a cada toque do alarme, e isso é metade da batalha.

(Na verdade, se você tem prestado atenção, é um terço da batalha. O terço do meio é *aceitar* que você não pode controlar a libido de um garoto de 15 anos e o terço final é *tratar* da parte que você pode controlar — ensinar sexo seguro — com procedimento fálico e profilático. De nada.)

Proponha uma troca. Se você for do tipo "avestruz", aposto que vai fugir de algumas coisas de cara. Ah, acertei? É engraçado como isso funciona. Bem, assim como focar um merdacão indutor de ansiedade por vez ajuda a limpar a mesa para outra série de preocupações (veja: *Escolha ou perca*), você poderia fazer um trato consigo mesmo de que só poderá *fugir* de uma coisa por vez. Por exemplo, se estiver fugindo de uma consulta com o médico para examinar aquela verruga suspeita, não poderá TAMBÉM fugir de calcular o saldo do seu talão de cheques.

Embora seja verdade que você possa estar fugindo dessas tarefas e que também queira evitar "más notícias", devo lembrar que fechar os olhos, tapar os ouvidos e cantar "nah nah nah nah" nunca impediu um furacão de atingir uma região e não deterá o merdacão de um câncer de pele ou de uma falência. Enfrente o medo que causa essa preocupação agora, para pelo menos ter uma chance de lidar com ela se o pior acontecer.

Está achando o truque da mente um pouco dissimulado? Talvez. Mas é preciso admitir, é difícil surtar quando você está se divertindo — seja rindo de um filme bobo, saboreando um petisco delicioso ou focando em tirar até a última gota do caldo de amêijoa da garrafa para que penetre fundo no estofamento do Subaru.

E, se vocês, avestruzes, seguirem meu conselho e partirem para a ação, bem, talvez ainda se preocupem um pouco enquanto esperam na recepção do consultório do dermatologista, mas não estarão mais evitando-o. Considero isso uma vitória.

Opção Secreta C

"Simplesmente deixar essa merda de lado" e "truques da mente" são dois caminhos excelentes na direção de um você mais calmo e feliz. Altamente recomendado. Mas, dependendo da pessoa e da preocupação, e do merdacão em questão, esses dois métodos podem não ser suficientes. Eu entendo. E não estou aqui para prepará-los para o fracasso; se eu quisesse fazer isso, teria chamado o livro de *Como Argumentar com um Bebê*.

Portanto, é hora de eu fazer uma confissão.

Apesar da poderosa associação do Método Não Sinto Muito com uma hashtag *muito* poderosa, o Método sem Preocupações pode ser um termo um tanto equivocado.

Sem preocupações — como, realmente, zero? Sempre? É provável que isso seja absolutamente impossível. Às vezes, simplesmente não se pode evitar as preocupações ou focar outros fatos. Às vezes, o seu probômetro está no conserto e suas preocupações continuam onipresentes, consumindo todo o seu tempo.

Tudo bem, podemos trabalhar com isso.

De forma semelhante à "procrastinação responsável" que detalhei em *Get Your Shit Together*, ou o "bom egoísmo" discutido em *You Do You*, **existe algo chamado "preocupação útil".**

Você pode empregá-la a fim de evitar que o fato que o preocupa ocorra — como, digamos, uma Categoria 1, Merdacão Altamente Improvável, que poderia ser levado para o mar com um ataque preventivo de sua parte.

Ou, você pode ter alguma preocupação útil para estar mais bem preparado para quando o merdacão ocorrer — como no caso de um Categoria 5, Inevitável. É possível haver muito menos limpeza se você preparou adequadamente a casa e o terreno metafóricos. (P. S.: Já marcou aquela consulta com o dermatologista?)

Espere, esses dois se parecem com "lidar com o problema". Você pulou algumas páginas?

Bom você ter prestado atenção! Mas eu realmente tento não pular adiante; isso abre um mau precedente para os leitores. Não, o que estou prestes a ensinar não é exatamente a "lidar com o problema", o que faremos na Parte III, adequadamente intitulada *Lide com o Problema*. Essa é uma espécie de etapa intermediária.

Senhoras e senhores da preocupação, eu lhes apresento...

Preocupação Eficaz Útil e Produtiva (PEUP)

Até esse ponto, nossa meta tem sido descartar preocupações sobre merda que você não pode controlar, poupando tempo, energia e dinheiro para lidar com a merda que pode controlar. Estamos **PRESERVANDO seus fundos de surto**.

Esse é um jeito de fazer isso.

Se você não conseguir descartar totalmente as suas preocupações, outro jeito de se acalmar é **CONVERTER essas preocupações em ações produtivas e benéficas — garantindo que quaisquer FSs que você distribua com antecedência sejam gastos com sensatez**. Eles ajudarão a *prepará-lo* (pelo menos) para sobreviver ao merdacão; e ajudarão (na melhor das hipóteses) a *evitá-lo* totalmente.

Calma aí, P*rra! **119**

É isso que torna a preocupação EFICAZ, ÚTIL e PRODUTIVA. Esse acrônimo interessante é apenas um benefício secundário. Veja como ele funciona:

- Depois que o merdacão foi classificado e priorizado, o **Método de Não Preocupação** exige que você se pergunte: *Posso controlar isso?*
- Se a resposta for não, o ideal é que você ACEITE o fato e descarte a dita preocupação. Essa é a **Etapa 1: Acalme-se, porra!**
- Se a resposta for sim, posso controlá-lo, então OBA! Você pode passar diretamente para a **Etapa 2: Lide com o problema**, organizando sua resposta.
- Todavia, se a resposta for *Não, não posso controlá-lo, MAS TAMBÉM NÃO POSSO PARAR DE ME PREOCUPAR COM ELE OU ME DISTRAIR COM OUTRAS COISAS!*, então é hora de ter uma **Preocupação Eficaz Útil e Produtiva.**

Como exemplo, vamos examinar um merdacão remoto perpetuamente apresentado por pais ansiosos no meu Twitter:

E se eu ferrar meus filhos e os transformar em pessoas ruins?

Esta é uma preocupação importante e complexa, que provoca níveis de ansiedade baixos em muitos pais todos os dias, além de acessos ocasionais de surtos pesados.

Desafio aceito!

Primeiro, entendo totalmente por que muitos deles não são capazes de "simplesmente deixar essa merda de lado". E entendo que deve ser difícil empregar os truques da mente e focar outras coisas enquanto se é pai. Na verdade, talvez você não deva se distrair demais. Principalmente no playground. Acidentes acontecem.

Mas sugiro humildemente que você, se estiver constantemente preocupado em ferrar seus filhos e transformá-los em pessoas ruins — e for incapaz de deixar essa preocupação de lado —, *gaste* seu tempo, energia e dinheiro em ser o melhor pai que puder.

Você não tem controle total sobre se seus filhos se tornarão pessoas ruins. Em algum ponto, isso dependerá deles. **Mas você pode se render às preocupações e, *ao mesmo tempo*, contribuir para a causa** empregando táticas de criação de filhos que objetivamente se mostraram positivas — como ler para seus filhos, dizer a eles que os ama e tem orgulho deles e ensiná-los a dizer "por favor" e "obrigado", e a não chutar areia em mim na praia.

Pelo menos, se você estiver tomando essas atitudes — **que não mudam seu foco por meio de truques da mente, mas estão *diretamente relacionadas* com a preocupação em questão —** você ainda pode pensar a respeito, mas também sabe que está fazendo o possível para ajudar seus filhos a serem pessoas boas.

Esse é o PEUP em poucas palavras. Não é um dos piores conselhos que você já ouviu, se é que eu mesma posso afirmar. (Também não é a primeira vez que eu os ofereço neste livro. Lembra-se do Cara do Chapéu Muito Legal? Isso foi PEUP — você só não sabia ainda.)

Não consegue parar de se preocupar? Tudo bem. Continue se preocupando! Mas faça com que valha para alguma coisa.

Mandando um merdacão para o mar

Como alguém que já ficou colada ao Climatempo durante dez dias quando dois furacões de Categoria 5 estavam em rota de colisão com minha casa em uma frágil península caribenha, sei que não existe alívio maior do que assistir a um monstruoso furacão aparentemente inevitável desviar-se no último momento.

Mas, naturalmente, esses quase acidentes se deveram à pura sorte — como os porto-riquenhos sabem muito bem, tanto a Mãe Natureza quanto um certo líder mundial são propensos a caprichos, quando se trata de provocar o caos e a destruição entre os povos.

Contudo, quando há um *merdacão* no radar — com baixa probabilidade de ocorrer —, você pode arquitetar uma minimização. Às vezes, pode-se passar o mostrador do probômetro de 2 ou 1 para um pequeno e indefeso merdaclone tropical que desaparece da tela antes que você possa dizer: "Presidi e contribuí diretamente para a pior crise humanitária desde a Guerra Civil".

Há duas formas diferentes para evitar que um merdacão já improvável atinja seu destino:

1. Aja (PEUP)
2. Não faça nada (despropositado, eu sei. Mas fique aqui.)

Cada um tem seu lugar; decidir implementar um ou outro é simplesmente uma questão de reconhecer o que você pode controlar e então agir (ou não agir) de acordo com isso. Por exemplo:

E se	Medida que pode tomar	Resultado
Eu gastar milhares de dólares para pintar a casa, e, em uma escala maior, as cores ficarem feias?	Há aplicativos e simuladores online para isso. Pesquise. (A propósito, o mesmo se aplica a cortes de cabelo drásticos.)	Nenhuma surpresa.
Minha mulher não gostar do presente que comprei para nosso 25° aniversário de casamento?	Você é um amor! Peça à melhor amiga de sua mulher para ajudá-lo na compra ou disfarçadamente peça que a amiga lhe dê ideias durante um café. Também: DIAMANTES.	Esposa feliz, vida feliz.

Calma aí, P*rra! **123**

E se	Medida que pode tomar	Resultado
Eu ficar enjoado no meu primeiro passeio de barco, que também é minha melhor chance de impressionar um cliente em seu catamarã?	Dramin, para vencer.	Você conseguiu não vomitar.

Em cada cenário da coluna A, é improvável que o merdacão progrida, mas, se você souber que vai se preocupar com o fato mesmo assim, pode agir e evitá-lo.

Se gostou daquele tom de azul em uma escala pequena, é possível que goste dele em um plano maior, mas vale certificar-se de antemão. Se você está casado há 25 anos, é provável que conheça o gosto de sua amada bastante bem, mas pedir reforço só aumenta suas chances de um choroso "Ah, meu Deus, como você adivinhou?!?" (Talvez também melhore suas chances de uma coisinha a mais, *se* é que você me entende...) E nem todo mundo sofre de cinetose, mas não faz sentido descobrir se você é suscetível no momento em que estiver tentando fechar um negócio. "Vomita nos clientes" não ficaria bem no seu perfil do LinkedIn.

124 Calma aí, P*rra!

Claro, acontece que esses são problemas de nível um tanto mais baixo com soluções relativamente fáceis e evidentes, mas é isso que os torna improváveis, para começar. Se você é a pessoa gentil que se preocupa com a possibilidade de a merda improvável ocorrer, acabou de perceber que pode varrer alguns Categoria 1 e 2 da tela antes do café da manhã. Nada mal.

Outra opção para afastar um merdacão é não fazer absolutamente nada.

Sim, eu sei, antes eu defendi que você tomasse a iniciativa para evitar um surto, mas agora estamos falando dos *problemas em si,* não da *reação a eles.* Se você soprar o merdacão para o mar sem fazer NADA, de qualquer modo, o surto não tem sentido.

Por exemplo, digamos que você esteja superpreocupado com a possibilidade de uma gravidez indesejada. Se faz controle de natalidade com regularidade (e adequadamente), então *e se eu estiver grávida?* Já deveria ser um Categoria 1, Altamente Improvável — mas se você realmente não pode permitir nenhuma margem de erro, sei de uma coisa perfeita para cortar o feto pela raiz.

Abstinência! Estou falando de abstinência, pessoal! Jesus.

Ei, se você gosta de sexo tanto quanto eu gosto de esquiar, então não fazer nada funciona total. Pode resmungar, mas é verdade, não é? Na verdade, realmente não há limites para as coisas que você *nunca* poderia fazer se *nunca* quiser se arriscar a um resultado potencialmente negativo — **contanto que desistir do que você quer valha o sacrifício.**

Por exemplo:

Você pode nunca praticar canoagem para nunca virar com a canoa e se afogar. Há outros meios de se transportar sobre a água. Pontes, por exemplo.

Você pode nunca soltar fogos para nunca sofrer um acidente provocado por um maluco romano incendiário. Você sabe o que dizem: tudo é alegria e brincadeira até que alguém tenha que tirar um molde para um olho de vidro.

Ou você pode nunca concordar em recuperar a pedra sagrada shivalinga para os aldeões de Mayapur e, portanto, nunca será obrigado a tomar o sangue de Kali e quase morrer nas mãos de um marajá pré-pubescente em um distante templo da perdição. Moleza.

Você sentiu um quê de ironia aqui? Bom. Você sentiu corretamente. Porque o que não é útil é *nunca fazer nada* por medo de um resultado tão improvável que você realmente faria um desserviço maior a si mesmo ao evitar o fato totalmente.

Ou, em outras palavras, **ficar incapacitado pela ansiedade não é jeito de viver.**

Houston, temos um medo irracional.

Eu gostaria de presenteá-lo com o bônus de um cenário de e-se que me é muito querido, e que **pode lhe mostrar um novo jeito de analisar algo que talvez você venha considerando um problema insuperável**. Ou este poderia ser o ponto no livro em que você solta um risinho sarcástico, declara que sou uma porcaria de uma idiota e segue seu caminho feliz. É seu mundo, cara.

Para fins de discussão, imagine que você esteja viajando de Nova York ao Novo México e esteja preocupado que esse Balão da Morte da Delta caia na região dos Grandes Lagos e leve você e os outros 114 alvos fáceis com ele.

O primeiro passo para afastar um surto no Terminal A é categorizar o possível merdacão em questão (morrer em um acidente de avião) e **reconhecer que ele não é *provável***.

Ou seja: as chances de morrer em um acidente de avião são de uma em 11 milhões, o que torna isso menos provável do que ser morto por um tubarão (uma em oito milhões), morrer em um navio de cruzeiro (uma em 6,25 milhões) ou ser atingido por um raio (uma em 1.200).

Você está lidando com uma Categoria 1, Altamente Improvável. Não há duas saídas para ele. Além disso, mesmo que seu 747 esteja destinado a cair dos céus como um drone operado pelo tio Ronnie, bêbado no piquenique da Shriners, **que porra você vai fazer a respeito?***

---

* Agora, quero me desculpar com quem comprou este livro no aeroporto para uma leitura leve durante a viagem.

A menos que planeje abandonar sua carreira atual, passar anos na escola de aviação e se tornar piloto, o que significa, antes de mais nada, ter que superar seu medo de voar, **você não pode controlar a situação. Ela está totalmente fora de seu alcance.**

E isso significa?

ISSO MESMO. É desperdício de tempo e energia preocupar-se com isso.

Se você ainda quiser bancar o advogado do diabo, acho que também deveria controlar a situação não voando para lugar algum, nunca — mas então também deveria parar de dirigir, cavalgar, velejar, andar ou patinar para ir a qualquer lugar, pois, quanto mais perto da Terra você viajar, maior é a probabilidade de morrer.

Vamos mudar de assunto.

O fato é, eu sei que o medo irracional de voar (ou medo irracional de qualquer coisa, na verdade) é muito perturbador. Eu mesma morro de medo de viajar de avião por todos os motivos que, quando analisados sob a fraca luz de leitura, não resistem.

Então, depois de acomodada na poltrona 5A sob a mira de um revólver para cruzar o país a fim de proferir uma palestra no Marriot Corporate sobre como arrumar sua merda, neutralizo esse pernicioso e-se com uma grande e velha dose de *existe uma porcaria de coisa que você pode fazer para evitar que este avião exploda, se desintegre ou caia do céu? Não? Então se acalme, porra, e preocupe-se com algo que você possa controlar, como escrever um discurso com um toque bem profissional sobre cartões de índice sem derramar sua vodca com tônica nele.*

Eu também trato esse caso específico de e-ses com 25 miligramas de Xanax, mas isso não quer dizer nada. Passei os primeiros 30 anos da minha vida sem uma receita de Xanax e mesmo assim embarquei em aviões quando estava superansiosa porque simplesmente não é lógico ou racional evitá-los eternamente — e, como já mencionei, sou uma pessoa muito lógica e racional.

A maior parte do tempo.

Oi, me chamo Sarah e sofro de um transtorno mental. (Na verdade, mais de um!)

Como você já deve ter notado, proponho viver melhor não só pela lógica e razão e contenção de filhotes em cercadinhos, mas também com o uso de medicamentos. Além de empregar técnicas naturais, como respirar profundamente, caminhar na praia e equilibrar abacaxis na cabeça, tomo diferentes remédios diariamente, e quando a ocasião pede para controlar a ansiedade e manter ataques de pânico à distância. E OS TOMO PORQUE FUNCIONAM. Naturalmente, remédios não são para todos, assim como meditação ou terapia eletroconvulsiva. Mas quero falar sobre isso a fim de fazer minha pequena contribuição para ajudar a erradicar o estigma que cerca questões de transtornos mentais e obter tratamento para eles. O transtorno mental é uma doença como outra qualquer, e, se esse é seu problema básico, você não merece ser envergonhado ou se sentir constrangido por causa dele.

Pronto, falei. Agora, de volta ao nosso cardápio normal de hipóteses absurdas, piadas sujas e metáforas meteorológicas.

A calma antes do merdacão

Neste ponto de nossa jornada — uma palavra que uso com o máximo de ironia —, espero que você esteja se sentindo muito bem quanto a suas perspectivas de se acalmar, porra!

- Você está se armando de conhecimentos e ferramentas para **priorizar**;
- Você entende o conceito de **controle** e **o que significa aceitar o que você não pode controlar**;
- E eu lhe apresentei muitas técnicas para **descartar, distrair-se ou converter seus e-ses e preocupações** como mestre — e **ficar longe de surtos** ao longo do caminho.

Sendo assim, agora é hora em *Sprockets* [quadro do programa humorístico Saturday Night Live] quando colocamos em prática tudo que você aprendeu.*

Para mostrar como é feito, voltarei aos e-ses da lista que fiz no início da Parte II. Eu já lhe apresentei meu processo de pensamento para categorizar cada um desses possíveis merdacões. Foi lá que eu os RECONHECI. Aqui, irei mais longe, perguntando-me que partes desses possíveis merdacões posso controlar — e então ACEITAR as respostas, ou seja, a realidade de minha(s) situação(ões).

---

* Para os que entenderam a referência, parabéns por terem ao menos 40.

Começaremos na parte inferior da Escala de Merdacões com minhas Categorias 1 e 2, e avançaremos daqui.

10 E-SES COM QUE DEVO OU NÃO ME PREOCUPAR:

POSSO CONTROLÁ-LOS?

Categoria 1 — ALTAMENTE IMPROVÁVEL

E se...

- **Mais tarântulas aparecerem em casa**

Posso controlar isso? Não. Na escala móvel do controle, este é um "não depende de mim" durante anos. Quando se trata de se preocupar com tarântulas, eu simplesmente vou deixá-las de lado. (E se Lucky voltar pela terceira vez, acho que será oficialmente nossa aranha de estimação.)

- **Pedir uma pizza diferente da habitual, e ser meia-boca**

Posso controlar isso? Sim, mas é exatamente por isso que é altamente improvável que ocorra, para começar. Todos os testes práticos têm perguntas capciosas.

- **Eu aparecer para palestrar e ser um desastre total**

Posso controlar isso? Outra vez, sim, mas o modo de controlar esse resultado é *não* se preocupar em falhar. É gastando tempo e energia preparando uma ótima palestra e ensaiando-a até morrer. PEUP. Muito eficaz! Muito útil! Muito produtivo! (E,

Calma aí, P*rra! **131**

claro, há uma primeira vez para tudo, mas se eu me preocupasse com isso, teria usado todos os meus fundos de surto em *e se alienígenas invadirem a Terra e nos transformarem em suas putinhas espaciais?* há muito tempo.)

Categoria 2 — POSSÍVEL, MAS IMPROVÁVEL

E se...

• A chave de casa ficar presa na fechadura

Posso controlar isso? Como não sei por que o problema ocorreu, não há nada que eu possa fazer para evitar que se repita — exceto não trancar mais a casa, o que é um convite a um tipo diferente de merdacão. Não, não posso controlá-lo, então descartarei essas preocupações e pouparei meus fundos de surto para realizar um leve arrombamento e invasão, se necessário.

• Uma palmeira cair no meu telhado

Posso controlar isso? Não. (Tecnicamente, poderia gastar algum tempo, energia e dinheiro em uma Preocupação Eficaz Útil e Produtiva e mandar cortar as duas árvores que estão pertinho antes que nos ferrem, mas elas crescem no terreno do vizinho e acho que ele não iria gostar disso; além do mais, não posso olhar para elas todos os dias enquanto flutuo na piscina.) Os fundos de surto continuam intocados... por ora.

- **Sofrer um acidente de carro na estrada sinuosa para o aeroporto**

Posso controlar isso? Essa é uma situação de "contribuição para a causa". Os motivos para a diferença entre a quantidade dos fundos de surto que destino à realização de palestras (são muitos) vs. o retorno de Lucky (nenhum) vs. transporte para o aeroporto (um pouco) são simples: meu preparo relativo para a palestra, eu posso influenciar grandemente. Mas não posso fazer nada sobre manter a tarântula do lado de fora. Aranhas têm que ser aranhas. Enquanto, na estrada para o aeroporto, embora eu não esteja dirigindo o carro e não esteja influenciando *diretamente* a viagem, posso controlar *se* apenas reservarmos voos que nos façam percorrer esse trajeto durante o dia, e não tenho vergonha de pedir ao motorista para andar devagar ou encostar se começar a cair um pé d'água. Controle o que puder, aceite o que não pode e use o cinto de segurança.

- **Meu editor detestar este capítulo**

Posso controlar isso? Posso decididamente influenciar grandemente esse resultado não enviando a Mike um monte de merda, mas então, de novo, a opinião dele é só dele. Entretanto, uma coisa é certa: se estou aqui obcecada com o que ele poderia pensar sobre algo que lhe envio, estou tirando tempo de terminar o restante do livro — seguramente, um resultado pior, visto que não estou nem perto de cumprir o prazo. Então decidi apertar "enviar" e **converter essas preocupações** (de forma eficaz, útil e produtiva) em "escrever mais capítulos". Então, na remota possibilidade de ele *realmente* detestar este aqui, gastarei meus FSs pedindo uma pizza grande com cobertura extra, me acalmando e lidando com as revisões.

Et voilà! Com sete e-ses improváveis no meu radar, **POUPEI** fundos de surto descartando quatro preocupações (tarântulas, pizza ruim, chaves presas e palmeiras caídas) e **CONVERTI** fundos por meio de Preocupações Eficazes, Úteis e Produtivas para outras três (fracasso em palestras, cintos de segurança e capítulos posteriores).

Ainda tenho uma boa reserva de FSs para merdacões totais se (Categorias 3 e 4) e quando (Categoria 5) ocorrerem.

Categoria 3 — PROVÁVEL

E se...

- **Detonar totalmente meus shorts preferidos com estampa de abacaxis sentando em alguma porcaria**

Posso controlar isso? Bom. Posso influenciar esse resultado tomando cuidado ao me sentar, mas não quero isso como um emprego de período integral, então deixei essa de lado. Até aqui, club soda e detergente evitaram a ruína, mas é provável que um dia os shorts fiquem irrecuperáveis, quando gastarei 30 paus em fundos de surto para comprar outro e reiniciar o relógio. Por enquanto, descarto essa preocupação.

Categoria 4 — ALTAMENTE PROVÁVEL

E se...

- **Chover no meu dia de folga, que eu queria passar na praia**

Posso controlar isso? Esse é um grande "não" para o tempo em si e "dificilmente" quanto a sua previsão. Por toda a utilidade que têm aqui, os aplicativos de clima poderiam ser feitos de latas de sopa vazias e barbante. Esse é um exemplo perfeito de um merdação — a despeito de seu alto grau de probabilidade — com o qual não vale a pena se preocupar. (Nesse caso, um bom copo de piña colada faz maravilhas para minha atitude. Cuidar de si mesmo com coquetéis é absolutamente a coisa certa, se é isso o que você quer.)

Categoria 5 — INEVITÁVEL

E se...

- **Meus gatos morrerem**

Posso controlar isso? Não. É isso o que acontece com "expectativas médias de vida". Devo gastar FSs me preocupando com isso? Claro que não! Já sofri com a morte de alguns bichos de estimação e é horrível. Quando acontecer de novo, vou ficar muito triste, mas enfrentarei a perda. O que não farei é surtar antecipadamente e parar de me cercar de amigos felinos só

Calma aí, P*rra! **135**

porque um dia vou ter que decidir onde espalhar suas cinzas ou se mando empalhá-los e pendurá-los acima da mesa de jantar, apesar das persistentes objeções do meu marido.

Agora é sua vez com a mesma lista de e-ses que fez e já classificou por categoria. Use estas perguntas como guia:

- Posso *controlar isso?*
- Em caso negativo, posso *aceitar* a realidade, parar de me preocupar e *conservar* os fundos de surto?
- Se eu não puder parar de me preocupar, posso converter os fundos de surto em *preocupações eficazes úteis e produtivas,* que evitarão ou reduzirão o problema?

10 E-SES COM QUE PRECISO OU NÃO ME PREOCUPAR: POSSO CONTROLÁ-LOS?

Categoria: _____
Posso controlar isso? [S] [N]

Categoria: _____
Posso controlar isso? [S] [N]

Categoria: _____
Posso controlar isso? [S] [N]

Categoria: _____
Posso controlar isso? [S] [N]

Categoria: _____
Posso controlar isso? [S] [N]

Categoria: _____
Posso controlar isso? [S] [N]

Categoria: _____
Posso controlar isso? [S] [N]

Categoria: _____
Posso controlar isso? [S] [N]

Categoria: _____
Posso controlar isso? [S] [N]

Categoria: _____
Posso controlar isso? [S] [N]

Você está se sentindo um pouco mais — posso me atrever a dizer — no controle? Espero que sim, e espero que fazer a Pergunta que Decide Tudo se torne um elemento dinâmico de seu processo diário.

Calma aí, P*rra! **137**

Foi o que aconteceu comigo; como resultado, calculo que sou 75% menos um caso perdido.

Na verdade, ultimamente tem sido bastante útil categorizar meus e-ses e deixar de lado as coisas que não posso controlar. Você assiste à CNN? Fico surpresa de que o letreiro abaixo da expressão cética do jornalista Jake Tapper não exiba "ESSA MERDA ESTÁ DOIDA" sem parar. Quando praticamente todas as horas de todos os dias revelam mais um rebaixamento que todo o mundo suportou por causa de patinhas minúsculas de uma subcelebridade que se acha O Poderoso Chefão da política — bem, é útil ter alguns mecanismos de defesa solidamente instalados.

Puxa, hoje li as notícias

Quando comecei a escrever este livro, não precisei fazer mestrado para aprender a ser guru e saber que as pessoas em todo o mundo precisam mais do que nunca se acalmar, porra!

Os Estados Unidos da América, como falei, são um total espetáculo de merda. O presidente é um narcisista enlouquecido, o partido dominante é composto grandemente por covardes com sorrisos idiotas, e a assistência médica acessível não passa de uma alucinação coletiva — pois não cobre tratamento.

A Inglaterra e o resto do Reino Unido (por enquanto): também não estão com essa bola toda. Talvez você tenha notado. Na verdade, se assistir ao noticiário ou até der uma olhada no Twitter, verá que todos os continentes testemunham uma elevação nos níveis de fascismo, xenofobia e dos oceanos — ou um declínio dos icebergs, abelhas e liberdades civis.

Eca.

Não sei se realmente há *mais* guerras, pestilência, condições meteorológicas extremas ou um retrocesso cultural desalentador ocorrendo com mais intensidade do que nunca, mas sei que temos mais *consciência* desses fatos, porque a tecnologia cuidou para que os seres humanos não passem um milissegundo sem saber do mais recente tiroteio em uma escola, ataque terrorista, interferência em eleições e encontros entre ditadores frios determinados em destruir a civilização ocidental.

Duas vezes ECA.

Isso é um problema, e espero o ajudar a enfrentá-lo de um jeito modesto, mas significativo, escreve ela, já que os direitos das mulheres à autonomia física se encontram em permanente risco.

Sabe a lei que permite o aborto, atualmente em risco nos EUA por causa do atual presidente e seu partido? *EEEECCCAAAA*.

O que fazer? Bem, como ainda acredito nos benefícios de uma cidadania informada/enraivecida, tenho receio de não poder defender o Modo Avestruz Total, ou "não consumir notícias de modo algum". Mas uns poucos episódios de "avestruzisse" a serviço da merda que você não pode controlar? Permito. Vá em frente, enterre a cara nos travesseiros e jogue o traseiro para o ar!

Quanto à raiva, você tem direito a ela. Soltar aquele grito do fundo da garganta enquanto sua cara está enterrada nos travessei-

Calma aí, P*rra! **139**

ros pode ser gratificante. Claro, se estiver a fim. E, se puder canalizá-la para algo produtivo, melhor — como, depois de jogar todos os copos de vidro da casa na parede como se ela fosse um velho caucasiano tentando roubar o futuro dos seus filhos, levá-los para a reciclagem. Esmague o patriarcado, salve o planeta.

Quando terminar — além de apenas esperar que as coisas melhorem ou que seu primeiro grito os leve à submissão —, **há outras formas de neutralizar os sentimentos de impotência** que pode ter ao ser bombardeado diariamente com o pior que a mídia tem a oferecer. Em vez de correr atrás dos informativos todas as noites antes de ir dormir e provocar pesadelos em que perde os dentes, talvez você deva experimentar uma das seguintes **técnicas calmantes e de recuperação de controle**.

Elas funcionam para mim, e estou devastada com a desagregação a democracia e as crises climáticas impiedosas!

5 DICAS PARA SE ACALMAR, P*RRA COM O MUNDO QUE ESTÁ DESMORONANDO

Limite sua exposição. Um cidadão informado não precisa obter informações durante o café da manhã, no banheiro, em cima de uma bicicleta, durante o caminho para o trabalho E imediatamente antes de ir dormir (ou tentar). Um mergulho diário nas notícias deveria ser suficiente para mantê-lo informado sem fazer sua pressão sanguínea ficar mais alta que o Snoop Dogg.

Exercício de equilíbrio. Se não conseguir escapar ao ciclo de 24 horas de notícias, para cada @WashingtonPost que seguir acrescente uma conta paliativa à combinação. Recomendo

@PepitoTheCat, que contém cenas em preto e branco de um gato na França entrando e saindo de sua portinhola de gato, acompanhadas das legendas "Pépito saiu" ou "Pépito volta para casa". Gosto de percorrer os feeds de Pépito antes de dormir. É como contar carneirinhos, mas, em vez disso, você está contando o mesmo gato francês repetidas vezes. *Très* relaxante.

Estude. Parece um contrassenso, mas mergulhar fundo em algum evento atual que esteja provocando o maior caso de e-ses pode realmente ajudá-lo a derrotar algumas de suas fantasias mais paranoicas. Por exemplo, pesquisar como a "bola de futebol nuclear" realmente funciona e saber que um certo presidente imbecil teria que memorizar certas informações a fim de lançar um ataque pode fazer maravilhas com a capacidade de certo alguém de parar de se preocupar (tanto) com a perspectiva de essa específica merdanuvem em forma de cogumelo brotar em breve.

Redija um memorando. Rabiscar uma carta furiosa para um líder global, um representante local ou, digamos, a moralmente repugnante porta-voz da NRA (Associação Nacional do Rifle), Dana Loesch — pode realmente botar a raiva para fora.

Foi comprovado cientificamente que manter um diário ajuda a acalmar as pessoas tirando todos os pensamentos fervilhantes e agitados da cabeça para o papel. E você nem precisa enviar a carta zangada para colher seus benefícios, mas, pelo preço do selo, pode ser interessante saber que ela chegará ao alvo pretendido. Ou, pelo menos, abarrotar a caixa do correio de alguém, o que, em minha opinião, é um destino pior que a morte.

Faça o bem. Quando me sinto impotente em relação à situação do mundo, o que me consola é doar para uma causa — seja fundo de auxílio de desastres naturais, instituições de caridade locais ou apenas para uma pessoa que precise de ajuda. Isso é meu privilégio financeiro falando? Claro, mas se gastar meus fundos de surto dessa forma fizer com que eu me sinta melhor *e* ajude alguém menos afortunado, só vejo uma troca especial. E "doar" não requer o desembolso de dinheiro. Você tem outros FSs à disposição — tempo e energia gastos chamando seus representantes para protestar contra práticas de imigração desumanas, sendo voluntário no Planejamento Familiar ou criando faixas de protesto divertidas e fazendo uma caminhada no centro comercial mais próximo, todas são formas de ajudá-lo a dormir melhor.

Agora, se me der licença, enquanto meu marido assiste às mais recentes artimanhas do guariba vermelho na MSNBC, tenho que monitorar o paradeiro de um gato francês.

(Pépito saiu.)

Revirando a merda

Ok, pessoal. Estamos até o pescoço na Parte II. Acredito que você esteja começando a ver que, **lógica e racionalmente, é improvável que grande parte da merda com que você se preocupa aconteça** — e que pode fazer suficientes PEUPs para garantir que mesmo os lances prováveis sejam menos terríveis com um pouco de esforço de sua parte.

Mas não fique convencido.

Eu estaria sendo omissa se não o avisasse de que **é possível se iludir e achar que você está usando as PEUPs, quando realmente está DANDO CONDIÇÕES DE UM MERDACÃO CRIAR VIDA**.

Em jargão psicológico, **"catastrofizar"** é acreditar que uma situação é pior do que a realidade. E eu prometi que, por enquanto, não discutiria com você sobre o quanto situações difíceis o deixam esgotado. Odeio quando as pessoas fazem isso. Mas, **se ao "catastrofizar", você *cria a própria catástrofe*** — essa é uma situação contra a qual posso e vou alertá-lo.

Isso mesmo: você tem capacidade de soprar o merdacão para o mar, mas também de criar uma Categoria 5 do nada.

Por exemplo, se seu amigo Andy não lhe respondeu sobre levar aquele ingresso extra para o jogo dos Cubs amanhã à noite e você está paranoico com o fato de ele estar zangado, mesmo que ele não tenha dito nada, você pode lhe mandar uma mensagem como: "Ei, cara, tá p*#@ porque dei seu e-mail para o formulário daquela Igreja de Cientologia? Desculpe, me encurralaram quando eu tava saindo da academia e entrei em pânico. Foi mal."

E pode ser que nem estivesse zangado (só ocupado saindo da lista de e-mail da Igreja de Cientologia). MAS AGORA ELE ESTÁ.

Se você parasse para analisar todos os dados, teria percebido que não havia como Andy descobrir que você era o culpado. Se você não tivesse mandado a mensagem em pânico, ele nunca teria somado dois e Xenu, a entidade mística da Cientologia, e você estaria de boa na lagoa — sem danos, sem problemas.

Em vez disso, você pensou demais e está assistindo ao jogo na TV com sua boa amiga Mama Celeste.

Outras vezes, quando um merdacão já está se mostrando "inevitável", suas ações podem apressar significativamente sua chegada e ampliar seus efeitos.

Historicamente, esse tem sido um problema decididamente seu. Por um lado, como escrevi em *You Do You,* minha tendência natural em relação à ansiedade tem sido, de certa maneira, uma coisa boa. Ela me ajuda a planejar, porque posso imaginar os perigos e consequências de não o fazer. E ajuda a me preparar, ser pontual e, em geral, ficar acima da minha merda.

Contudo, de vez em quando, ficar ansiosa e pensar demais permite derrubar uma peça de dominó que nunca cairia por si só.

E então só me resta recolher a pilha toda.

Essa não foi uma dose de calmante

Estávamos na semana de exames finais do terceiro ano da faculdade, e eu precisava estudar e redigir uns artigos, mas tanto a energia quanto o tempo estavam acabando. Eu tinha feito todas as pesquisas, mas já era o início da noite, antes do prazo final. Meu computador do final dos anos 1990 estava lá, julgando-me como Judy, do julgamento simulado de pequenas causas.

Eu estava mental e fisicamente exausta, na ponta de uma corda prestes a arrebentar, e sabia que não tinha a vitalidade — muito menos as horas — para resolver isso. Mas, na qualidade de alguém que se superava e seguia as regras, a perspectiva de não entregar o trabalho em tempo simplesmente não existia. Eu não podia deixar de estar na sala da professora às 9h com o material finalizado na impressora matricial e, com certeza, não poderia implorar por um adiamento do prazo de um *trabalho final*. Seria loucura!

Por falar nisso, eu já estava começando a pirar com o que poderia acontecer se eu ferrasse esse trabalho — e, diante de um possível surto, tomei uma péssima decisão sobre o que *imaginei* ser uma Preocupação Eficaz Útil e Produtiva.

Não pode ficar acordada pelo limitado número de horas restantes para criar uma redação que representará 25% de sua nota final em um seminário de graduação em Harvard?

Aceite duas pílulas misteriosas de uma amiga que lhe diz: "Isso vai mantê-la acordada e a ajudar a focar!"

NARRAÇÃO: Elas a mantiveram acordada, mas não ajudaram a focar.

Quando amanheceu, eu estava totalmente arrebentada, derrotada e desidratada por causa de uma hora e tanto de um choro inconsolável deflagrado pela percepção de que *definitivamente* não terminaria o trabalho. Após engolir as pílulas misteriosas passei dez horas cada vez mais agitada, com o coração batendo forte no peito, meus dedos tremendo em cima do teclado, e andando no quarto como uma figurante de *Orange Is the New Black*.

Agora era hora de engolir outra coisa: meu orgulho.

Ainda fungando e resfolegando, mandei um e-mail para a professora. Em vez de aumentar meus pecados inventando a morte de uma avó ou uma grave tendinite, contei a verdade — que eu tinha ficado em um beco sem saída por causa do prazo e tentado corrigir meu (primeiro) erro com uma injeção do que provavelmente era Adderal. Eu sentia muito e estava envergonhada, e tinha gerado quatro páginas de uma algaravia em vez das 15 de uma argumentação convincente. Eu precisava de mais um dia.

Então desabei no meu futon e esperei que o outro Doc Marten [marca de botas apreciadas na década de 1980 pela contracultura] caísse. (Como já mencionei, era o final dos anos 1990.)

A professora não xingou nem me ameaçou com uma expulsão. Ela foi prática em relação a toda a situação. Ela me deu o tempo extra e disse que qualquer nota que eu tirasse por mérito teria que sofrer a redução de um ponto pelo atraso.

Bem, isso foi… mais fácil do que imaginei.

Eu ainda teria que lidar com a tarefa original, é claro. Mas, enquanto isso, tinha que lidar com o merdacão total que eu tinha criado ao surtar sobre a tarefa original e tomar uma péssima decisão alimentada pela ansiedade. Se eu tivesse me acalmado para começar, porra, poderia ter perdido o prazo, mas teria pedido pelo adiamento, desde o início; ter tido uma boa noite de sono; passado o dia seguinte redigindo meu trabalho com a cabeça fresca; e evitado o interlúdio de dez horas de soro, tremedeira e andança.

146   Calma aí, P*rra!

Também: teria evitado enviar o e-mail à professora às 6h para lhe dizer que TINHA TOMADO UMAS BOLINHAS.

Então, essa foi a história.

Adoro quando um plano dá certo

Antes de virarmos a esquina para a Parte III: Lide com o Problema, sinto grande necessidade de colocar em prática todas as dicas e técnicas da Parte II. O que posso dizer? Às vezes, simplesmente não consigo parar de bancar a guru.

Nas próximas páginas, vou pegar um e-se como exemplo e ajudá-lo a se acalmar, porra. Nós iremos:

- Designar categoria e status a esse merdacão em potencial;
- Determinar que controle (se houver) você pode ter sobre o resultado;
- Aceitar a realidade da situação;
- Descartar preocupações geradas a partir de partes que não pode controlar;
- Gastar seus fundos de surto com inteligência para prevenir, preparar-se e reduzir os resultados do resto.

Até lhe darei uma amostra de como lidar com ele, porque sou uma guru com serviço completo e respeito uma transição harmoniosa.

Categorizando primas

Digamos, hipoteticamente, que tenha duas primas chamadas Renée e Julie. Recentemente, Renée postou algo desagradável no Facebook, disfarçadamente-mas-claramente-dirigido-à-Julie, e agora o caminho das duas vai se cruzar... no seu casamento.

Você pressente a aproximação de um surto?

Supondo, por conta de nossa hipótese, que a resposta seja sim (ou que você possa imaginar como seria um sim para algumas pessoas, considerando que casamentos são tradicionalmente conhecidos como ninhos de estresse e conflitos intrafamiliares), você tem uma decisão a tomar.

Você pode gastar tempo e energia preocupando-se com a possibilidade de suas primas entrarem em luta corporal no estacionamento durante a recepção, fazendo-o adotar o duplo infortúnio de uma face de Surto de Ansiedade/Raiva — mas isso não impedirá o fato de ocorrer, e tampouco o ajudar a lidar com ele.

Em vez disso, vamos **ativar seu meteorologista interior e reunir todos os dados disponíveis.** Como:

- Qual é o histórico de Renée e Julie?
- Esse tipo de situação já ocorreu?
- Como reagem à bebida?

Fazer perguntas lógicas e racionais como essas o ajuda a determinar se é ALTAMENTE IMPROVÁVEL, POSSÍVEL, MAS IM-

PROVÁVEL, ALTAMENTE PROVÁVEL ou INEVITÁVEL que essas duas estejam se preparando para armar um barraco.

E, quem sabe? Talvez elas fiquem tão inspiradas por seus votos que "jurem" parar de ser tão desagradáveis uma com a outra. Talvez se abracem e façam as pazes para as fotos, antes que os enrolados de salsicha comecem a ser servidos. Talvez pelo menos uma delas seja sensata lhe mandando um presente de casamento.

Certamente eu não sei, porque não as conheço — mas *você* conhece. **Verifique seu probômetro** e dê um chute aceitável sobre em que categoria inserir esse merdacão em potencial, então, reserve seus fundos de surto adequadamente.

CENÁRIO 1

Trolar-se mutuamente online é o padrão de Renée e Julie, e, até agora, não provocou uma luta no estacionamento. Elas costumam se estudar mutuamente como gatos cautelosos, unir-se pela paixão que partilham por dançar ao som de Nicki Minaj, e então tudo é esquecido no terceiro drinque da noite.

Leitura do Probômetro: Cat. 1/2 — Altamente Improvável ou Possível, mas Improvável

- Preocupar-se com algo improvável de ocorrer é um uso arriscado de fundos de surto valiosos. Você sabe disso. Se a tempestade não vier, você desperdiçou tempo, energia e/ou dinheiro; e se ela *ocorrer*, você terá que pagar em dobro — por ter surtado antes + por ter que lidar com ela agora. **Conclusão:** É melhor reservar seus fundos de surto para outra confusão em potencial em um casamento. Todos sabemos que seu amigo Travis é um perigo à solta.

CENÁRIO 2

Suas primas sempre tiveram um relacionamento complicado, mas tornou-se mais instável no último ano, desde que Julie bloqueou Renée no grupo *RuPaul's Drag Race* no WhatsApp. Uma fria. Claro que nunca se pode saber o que ela está pensando, mas Renée não costuma deixar quieto.

Leitura do Probômetro: Cat. 3/4 — Provável ou Altamente Provável

- Se estiver convencida de que o merdacão está vindo, você tem uma boa ideia de quando vai chegar. **Se for um 3 ou 4, cheque o status**. Estamos falando meramente DISTANTE (estamos a poucas semanas do casamento) ou IMINENTE (é a manhã do casamento)? O status informará **com que rapidez você terá que gastar seus fundos de surto para prevenir ou abrandar o problema**.

150   Calma aí, P*rra!

- Mas, antes que empregue quaisquer FSs em um merdacão de Categoria 3 ou 4, pergunte-se: ***Posso controlar isso?***

Se a resposta for "Não, está fora do meu alcance" (p. ex., suas primas nunca lhe deram ouvidos um dia sequer na vida; por que começariam agora?), descarte essa preocupação assim como Travis decididamente descartará a gravata-borboleta quando os primeiros acordes de "Hot in Herre" tomarem conta da pista de dança. Não desperdice tempo, energia e/ou dinheiro *surtando por isso*. Consequentemente, se/quando as garotas decidirem tirar os brincos e mostrar sua agressividade, você terá esse tempo, energia e/ou dinheiro para gastar lidando com o problema.

(Se ainda estiver ansiosa, tente alguns truques da mente. Ouvi dizer que caligrafia é relaxante, e, se você começar a praticar agora, talvez possa poupar algum dinheiro com os convites.)

Se a resposta for um caloroso *sim, posso controlar ou influenciar grandemente esse resultado!* (p. ex., você acha que suas primas reagirão bem à ameaça de não poderem tomar nenhuma dose de Southern Comfort se não se comportarem), não hesite em limpar sua carteira de preocupações e redigir um e-mail cuidadosamente elaborado para Renée e Julie advertindo-as de que fazerem comentários desleais no dia do casamento resultará em se tornarem *personae non gratae* no open bar. Isso é **Preocupação Eficaz Útil e Produtiva** em ação. PEUP.

CENÁRIO 3

Renée e Julie chegaram às vias de fato no jogo de futebol do campeonato estadual três anos atrás e caíram no lago na festa de aniversário de 70 anos da própria mãe. Não há motivo para acreditar que seu casamento seja considerado solo sagrado. Essas minas querem ver sangue. Seus maridos estão vendendo ingressos e aceitando apostas.

A previsão é clara. Está LIGADA.*

Leitura do Probômetro: Cat. 5 — Inevitável

- **Entendo por que você se preocuparia com algo assim, que acredita ser inevitável** — faz parte da natureza humana, e também é A PORRA DO DIA DO SEU CASAMENTO. Por outro lado, **se for inevitável e não puder controlar,** talvez você possa aceitar o fato e deixar suas preocupações de lado a menos/até que *precise* absolutamente gastar alguns fundos de surto para lidar com as consequências.

- Além disso, se acreditar que uma conflagração de primas está além do ponto de poder ser afastado por uma PEUP de sua parte — sugiro um grande e gordo **"Foda-se!"** Você está prestes a experimentar uma das ocasiões mais memoráveis de sua vida. E quer aconteça daqui a três meses ou três horas, você não precisa dessa merda.

---

* Isso partindo do pressuposto que você não as desconvidou, o que poderia ser considerado um PEUP ao MÁXIMO, mas também me impede de continuar essa hipótese até sua conclusão mais caótica, e assim não tem graça.

152 Calma aí, P*rra!

- **RECONHEÇA** que, não importa o que você fizer, sua carne e sangue estão se preparando para a Luta Número 3 do Ressentimento Profundo No Estacionamento; **ACEITE a realidade;** e **ENFRENTE-A** quando, e somente quando, ela se tornar um merdacão clássico total.

  NÃO gaste fundos de surto agora. Você vai precisar desse tempo, energia e dinheiro quando o merdacão atingir seu alvo — hora de se abrigar no banheiro feminino; reunir energia para chutar o traseiro de alguém; e dinheiro para pagar a fiança de Julie. Renée começou. Ela que apodreça.

  Mas APOSTE 50 pilas na Julie. Ela passou os últimos seis meses fazendo aulas de jiu-jitsu, o que Renée saberia se não fosse uma idiota tão egocêntrica.

Eeeeeee este é o fim da Parte II!

Ou, bem, não exatamente. Ainda tem um tiquinho de conteúdo super-reduzido, mas extremamente útil para ver, e, se você for um leitor dos Guias F* experiente, sabe o que vem por aí...

AH, SIM, É HORA DO FLUXOGRAMA.

Examine-o. Internalize-o. Aplique-o a sua vida.

LIDE COM O PROBLEMA
Enfrente o que *pode* controlar

Ei, ei, ei, olhe só para você! Você conseguiu chegar à Parte III, onde todo o seu rigoroso treinamento para se acalmar, porra, passará por um teste final: **lidar com a merda que o preocupa.**

E, para cumprir o objetivo desta seção, vamos supor que esta seja uma **merda que já aconteceu.** Parabéns, você realmente está progredindo no mundo.

Até agora, dissecamos o surto — deixando-o mais ciente dos sintomas e as consequências de fazê-lo. Lutamos contra as preocupações — não tê-las em relação a coisas que você não pode controlar e/ou fazê-lo com mais eficiência. Esses são os passos iniciais para combater a ansiedade existencial e sobreviver aos merdacões que sempre ocorrem.

Você já fez uma mertonelada de descongestionamento mental. Etapa 1: descarte. Você se livrou de muitas preocupações improdutivas e deve ter um saudável suprimento de fundos de surto para passar à Etapa 2: organização — ou seja, lidar com o que quer que tenha sobrado, agora ou no futuro.

Descongestionamento mental é como desligar na cara do pessoal de telemarketing; faça uma vez, e a habilidade não o deixará nunca.

Agora é hora de apresentar meus **Três Princípios para Lidar com o Problema** — desenvolvidos para ajudar você e os 75% de pessoas que responderam a minha pesquisa dizendo **que desejariam dispor de mecanismos de defesa para quando a merda acontecer.**

Baby, tenho os únicos três de que você vai precisar vida toda.

Também vou ajudá-lo a identificar seus **RIRs (resultados ideais realistas)**. Eles garantem que você não desperdice tempo, energia ou boa vontade lidando com uma situação difícil com resultado arriscado.

Pragmatismo prescritivo: conheça-o, viva-o.

Finalmente, colocaremos tudo na prática. A última seção da Parte III funciona como um catálogo de terror. Nela, **eu o levarei por vários cenários de merdacões totais para ilustrar como uma mente lógica e racional o ajuda a lidar com eles**. Falaremos de contratempos profissionais, rixas familiares, oportunidades perdidas, desastres naturais, membros fraturados e sonhos interrompidos.

Vai ser superdivertido, eu garanto.

Naturalmente, nenhum livro ou catálogo de terror pode prepará-lo para qualquer trauma em potencial que a vida tem a oferecer. Mas assim como *Get Your Shit Together* ofereceu uma simples caixa de ferramentas para estabelecer e alcançar metas de modo proativo, *Calma aí, P*rra!* lhe dá as ferramentas para *reagir* **produtivamente a toda a merda que você não queria e não escolheu**, mas que aconteceu mesmo assim, porque a vida é injusta.

Você só precisa **RECONHECER, ACEITAR** e **LIDAR COM** ela.

Vou dizer o seguinte: quando você virar a última página da Parte III estará totalmente equipado para fazer exatamente isso.

Me inclua nessa

"Lidar com o problema" consiste em adotar várias medidas — e obter vários resultados — em resposta à merda que está acontecendo.

No alto da escala de resultados está o **CONSERTO TOTAL**. Por exemplo, você deixou seu iPhoneX no ônibus, mas deu por sua falta a tempo de sair correndo como um cocker spaniel de duas pernas até que um semáforo vermelho divinamente posicionado lhe deu tempo de alcançar o veículo, bater na porta, indicar "deixei meu celular!" e recuperar sua propriedade.

Pronto. Como se nunca tivesse acontecido.

Logo abaixo, estão os **TRABALHOS DE RECUPERAÇÃO**. Você deixou seu iPhone X no ônibus e não o pegou de volta, então teve que comprar um novo. Você cuidou do problema, mas gastou muitos fundos de surto nesse erro. Nada de comida chinesa para viagem por dois anos, mais ou menos.

Ou talvez não possa adquirir um iPhone X novo agora, então maldiz seu descuido, aprende a lição, compra um 5se usado no eBay, e segue a vida.* Se você não puder comprar outro smartphone de jeito nenhum, escolha um aparelho baratinho que não se conecta à nuvem e passe toda a semana seguinte pedindo aos seus amigos do Facebook para reenviar suas informações de contato por sinais de fumaça.

---

* Uso o 5se desde 2016. Não tenho queixas.

Mais FSs usados, além de um bocadinho de boa vontade, mas pelo menos você está de volta ao jogo.

Abaixo disso, você tem a **SOBREVIVÊNCIA BÁSICA**. Você está desempregado e fazendo economia. Não tem condições de comprar um telefone novo de qualquer tipo. Você está ansioso com a possibilidade de perder uma ligação marcando uma entrevista e zangado por ter se colocado nesta posição, mas agora que leu este livro, pode praticar alguns truques da mente e se acalmar. **Foco, tranquilidade, ação. Você sabe o que fazer.**

Em vez de deixar que esse erro custoso desgaste ainda mais seu frágil estado de espírito e suas finanças, encontre uma alternativa, talvez fazendo alguns saques modestos do seu Quarto Fundo (que está alto, já que não tem surtado o tempo todo ultimamente como Sherry). Talvez possa perguntar a um amigo ou parente se tem um telefone sobrando que possa usar. Decididamente, procure os empregadores em potencial e avise-os de que está temporariamente sem acesso ao número apresentado no currículo e peça que entrem em contato via e-mail caso necessário. Você pode criar a página de uma campanha de arrecadação de fundos. Ou vender suas roupas íntimas usadas na Craigslist. É um trabalho honesto.

Naturalmente, perder um telefone é só um exemplo entre um milhão de possíveis merdas que podem acontecer e com as quais você tem que lidar. Esse problema pode não se aplicar a você (na verdade, se leu *Get Your Shit Together,* espero que tenha se condicionado a nunca perder seu telefone, em nenhuma circunstância).

Ou, talvez, você nunca tenha tido condições de comprar um iPhone X, para começar, ou acha que estou sendo arrogante diante de algo que, para você, seria uma merda realmente grande que não é tão fácil de resolver. Eu entendo; a situação de cada pessoa e o nível de seus recursos variam. Talvez, não importa o quanto queira, você não possa correr atrás do ônibus porque ainda está se recuperando da cirurgia no quadril.

Sinto muito. Fique bom logo.

O que quero dizer é, este ou qualquer um dos 999 mil exemplos que eu poderia dar são uma droga — sim, meeesmo — mas EXISTEM meios de lidar com eles que não envolvem comprar um telefone substituto e nem chorar no travesseiro até que o fantasma de Steve Jobs apareça para lhe conceder três pedidos.

Todo este livro é sobre *encontrar um jeito*. É sobre se acalmar, tomar decisões, agir e resolver problemas — ou, pelo menos, não torná-los pior surtando e não fazendo nada.

Então, trate de se acostumar com isso, certo? De onde esses vieram, tem mais.

Os três princípios para lidar com o problema

Neste ponto, você pode estar se perguntando por que eu simplesmente não indico *Get Your Shit Together*, que apresenta **três passos fáceis e práticos para atingir qualquer objetivo: traçar estratégias, focar, comprometer-se**. *Isso mesmo*. E, sim, minha Teoria GYST é simples e eficiente — mas preocupa-se principalmente com metas para as quais você tem *tempo* de traçar estratégias, hábitos cuja formação você pode focar *lentamente* e compromissos que você pode orçar com *muita antecedência*.

Organizar sua merda é um processo contínuo. **É PROATIVO.**

Enquanto *lidar com merda que já aconteceu* é algo que você precisa fazer no calor do momento. **É REATIVO.**

Quer seja ter os meios de conectar-se ao site da companhia e remarcar a passagem quando você dormiu demais e perdeu o voo, ou fazer pressão em um ferimento para estancar o sangue porque você foi burra e usou a faca errada para cortar queijo e está sozinha no apartamento enquanto seu marido dá uma corrida até a rotisseria para comprar gelo antes que seus amigos cheguem para o jantar, e seria horrível perder tanto sangue a ponto de desmaiar na cozinha e somar uma concussão à situação.

Não que já tenha acontecido comigo.

"Lidar com o problema" requer um conjunto próprio de habilidades e ferramentas — encontradas rapidamente e usadas em um piscar de olhos — implementadas para criar um conserto total ou simplesmente sobreviver.

OS TRÊS PRINCÍPIOS PARA LIDAR COM O PROBLEMA

Avalie a situação. Imagine que acabou de aterrissar em território inimigo e tem pouco tempo precioso para avaliar a situação antes que ela passe de ruim para pior. Você terá que cerrar os dentes e reunir os fatos. Filhotes emocionais na caixa, gatos lógicos à solta.

Identifique seu resultado ideal realista (RIR). Quando a merda acontece, um conserto total ideal pode ser possível ou não, o que significa que aceitar o que não pode controlar não serve mais só para se acalmar, porra — mas para lidar com ela também! Disparar loucamente ladeira abaixo em uma rua sem saída o leva a lugar nenhum, bem depressa. É melhor começar com uma meta final viável e realista em mente.

Triagem. Se a tempestade está em cima de você, seu probômetro já perdeu a utilidade, mas você ainda pode priorizar com base na urgência. Como uma enfermeira de PS, quanto mais depressa você determinar que pacientes estão em situação mais desesperadora e quais têm a melhor chance de sobreviver — isto é, que problemas se agravarão sem sua interferência e quais têm a melhor chance de serem resolvidos —, mais depressa pode lidar com cada um com eficiência.

Agora, vamos analisar cada um desses princípios com mais detalhes e ilustrados com histórias divertidas, como é meu hábito.

162   Calma aí, P*rra!

Avalie a situação

Mencionei a ideia de "aterrissar em território inimigo" porque essa é a sensação sempre que me vejo em uma situação de merda--horrível-que-acabou-de-acontecer. Você conhece essa sensação? **São partes iguais de terror e adrenalina** — por exemplo, sei que estou derrubada, mas talvez ainda não derrotada. Meu próximo movimento é fundamental. Se minha escolha for sensata, talvez eu escape ilesa (isto é, **Conserto Total**); escape ferida, mas inteira (isto é, **Trabalho de Recuperação**); ou, pelo menos, iluda meus adversários por tempo suficiente para tentar de novo amanhã (isto é, **Sobrevivência Básica**).

Tive essa sensação quando o carro em que eu estava foi atingido na lateral, acionando os airbags com um cheiro acre que aparentemente acompanha airbags acionados e que, suponho, era um sinal de que o veículo ia explodir comigo dentro se eu não saísse dali assim que possível.

Leitor, eu saí dali assim que possível.

Mas também a tive em situações de perigo menos físico e imediato — como quando o novo chefe que me fez sair de um emprego bom e estável entrou no meu escritório depois de cinco dias e disse que *ele* tinha sido despedido, mas tinha "certeza de que o CEO tinha levado isso em consideração" quando aprovou minha contratação na semana anterior.

Os logigatos entraram em ação. Deveria eu iniciar um chat preventivo com o RH em vez de ficar à espera de ver minha cabeça rolar? Teria eu direito a alguma indenização ou seguro saúde se me tornasse uma vítima da velha administração? Era cedo demais para começar a beber?*

A habilidade de avaliar uma situação com rapidez e identificar os melhores próximos passos é realmente importante em uma crise. Por que você acha que comissários de bordo estão sempre tagarelando sobre a localização das saídas de emergência? (Passageiros ansiosos: esqueçam que eu disse isso.) E, como falei na Introdução, você não precisa nascer com essa habilidade; pode praticá-la e desenvolvê-la ao longo do tempo, como eu fiz.

ENTRETANTO: note que eu disse "identificar" os melhores próximos passos com rapidez — não necessariamente *dá-los.*

Às vezes, agir imediatamente pode ser bom, como procurar freneticamente a opção de "desfazer enviar" do Gmail depois de se dar conta de que acabou de enviar uma piada ofensiva sobre seu chefe — para seu chefe. Mas agir sem conhecer o terreno cria uma probabilidade muito maior de exacerbar o problema original. Como, por exemplo, só porque você caiu de paraquedas no covil do vilão e não quer servir de alimento para o gato selvagem de estimação dele no café da manhã não significa que você deva fazer movimentos apressados. (Para começar, gatos selvagens têm hábitos noturnos, então eu caminharia com muito cuidado durante a noite e faria uma pausa *durante* o café da manhã.)

---

* Revelação total: houve um início de surto retardado dessa vez; mas, pelo menos, eu já tinha perguntado e respondido as perguntas importantes antes de começar a soluçar em cima da minha Amstel Light.

Movimentos apressados podem fazê-lo ser servido como uma panqueca humana tão facilmente quanto se tivesse sucumbido ao Modo Avestruz. E se esta última sentença não me conseguir uma indicação para o Pulitzer, então não sei o que conseguirá.

Faça uma *avaliação* simples e imediata da situação. Porcas e parafusos, prós e contras. Avaliar não só o ajuda a se acalmar (Qual é o Outro Lado da ansiedade? Foco!), mas lhe oferece um plano de ação aproximado para agir quando chegar o momento.

E-ses para o bem e não para o mal

Se costuma imaginar o pior antes mesmo que aconteça, aplique essa mesma criatividade obsessiva para lidar com o problema quando ele ocorrer! Por exemplo, suponha que sua mochila seja roubada da beira da quadra enquanto participa de uma animada partida de bocha no parque. Você já programou a realização de um inventário mental do conteúdo e imaginou as consequências de ficar sem ele. **Cartões de crédito:** e se o ladrão foi direto fazer compras na Havan? **Remédios:** e se ficar sem seu inalador ou os anticoncepcionais indefinidamente? **Oito bastões de protetor labial sabor cereja:** e se seus lábios ficarem ressecados enquanto estiver ao telefone com o Atendimento ao Cliente tentando cancelar seu Mastercard??? **Livro da biblioteca:** e se você tiver que pagar uma multa por perder o novo John Grishman *e* ficar sem saber o que aconteceu???

Vá em frente e faça um levantamento dos danos. Mas, em seguida, faça um plano para lidar com eles de modo eficiente e competente. (Dica de especialista: cancelar cartões e pedir uma nova receita de emergência ao médico deve ter prioridade em relação ao protetor labial, às taxas da biblioteca e aos romances policiais.)

Lide com o Problema **165**

Identifique seu resultado ideal realista (RIR)

O QUE É REALISTA?

Observando o cenário da mochila outra vez, se o ladrão for preso dez minutos depois com todas as suas coisas intactas e intocadas — que legal, é um Conserto Total!

Porém, supondo que isso não ocorra; então, lidar com o problema será desagradável, mas provavelmente um Trabalho de Recuperação bastante bom. A maior parte de seus cacarecos pode ser substituída, e já estava na hora de jogar fora aquela barra de cereais de uvas passas. Estava difícil dizer se aquilo eram uvas passas ou formigas.

Por outro lado, se você fosse, digamos, deixar o relógio antigo do seu bisavô Eugene cair em pleno oceano Pacífico, um Conserto Total estaria fora de questão. É claro que você poderia comprar um relógio novo, mas não poderia trazer seu bisavô de volta dos mortos para quebrá-lo para você durante 60 anos antes que você começasse a usá-lo. Tudo o que você pode esperar é um rápido e substancial pedido de seguro — preencher a papelada é a única e melhor forma de garantir a manifestação de seu RIR neste Trabalho de Recuperação específico.

O QUE É IDEAL?

Cada merdacão abriga uma série de resultados realistas e o que torna um deles o resultado ideal depende da preferência da pessoa atingida.

Por exemplo, se acaba de descobrir que sua noiva está muito ativa em um site de relacionamentos um mês antes do casamento, há vários resultados realistas. Talvez você esteja pronto para cancelar a coisa toda ou decida dar-lhe um beijo e fazer as pazes (e deletar você mesmo a conta dela no Tinder). Você avaliará a situação confrontando-a (ou não), acreditando nela (ou não) e terminando com ela (ou não), e então passando a encontrar o valor de X.

Ou dar um "X" para ela, como pode ser o caso. O que for ideal para VOCÊ.

COMO DESCOBRIR A RESPOSTA?

O segredo para determinar seu RIR é ser honesto consigo mesmo. Honesto sobre o que é possível e o que você quer, honesto sobre o que você é capaz de fazer para chegar lá e o que está fora de seu controle.

Pense no assunto como se fosse comprar um par de sapatos. Quando você os experimenta, não importa o quanto lhe agradem, se não servem, não servem. Não vá para o caixa. Não gaste US$200 em um par de pisantes lindos mas desconfortáveis. Você não pode fazer seu pé tamanho 42 encolher durante a noite, e, se os sapatos machucam agora, imagine como seus pobres dedos dos pés se sentirão depois de andar dentro deles o dia inteiro amanhã. Você ficará cheio de bolhas, vai sangrar e relegar seus caros erros ao fundo de sua sapateira IKEA MACKAPÄR assim que passar mancando pela porta.

Lidar com o problema torna-se exponencialmente mais difícil se você perseguir resultados improváveis, incapacitando-se com ferramentas de qualidade inferior.

Seja realista. Seja honesto consigo mesmo. E esteja preparado para se afastar. Com tranquilidade.

Triagem

Priorizar é a base de todos os meus conselhos — determinar para o que dar um foda-se, organizar sua merda e acalmar-se, porra.

Lidar com o problema é mais uma dose dos mesmos conselhos. **Triagem é apenas uma palavra sofisticada para priorizar.** De vez em quando, eu confundo tudo para criar um certo senso de DRAMA para meus leitores.

Você provavelmente ouviu falar de triagem em *Grey's Anatomy*. E como um pronto-socorro só tem um número limitado de leitos para acomodar os pacientes e os funcionários somente um número limitado de mãos com que comprimir o peito, dar injeções de morfina e trocar urinóis — você só tem um número limitado de recursos para destinar às suas emergências pessoais. Você precisa aprender a *fazer uma triagem mental* e ficar preparado para lidar com um merdacão total quando ele soprar pelas portas vaivém de seu PS mental com pouco ou nenhum aviso.

Eu lhe dei uma pequena amostra com o Caso da Mochila Roubada, mas vamos dar uma olhada em alguns merdacões diferentes em ação e treinar priorizar quando se trata de "lidar com eles".

- **Seu voo é cancelado quando você vai para a festa de aniversário surpresa de 30 anos de seu melhor amigo em Boston.**

Avalie a situação: Que horas são agora, a que hora a festa começa, há outros voos (ou, talvez, trens, ônibus ou sujeitos não ameaçadores chamados Ben que vão na mesma direção) que poderiam levá-lo até lá?

RIR: Dependendo das respostas às perguntas acima, você ainda pode realisticamente aterrissar a tempo do jantar ou, pelo menos, para a via sacra pelos bares depois da festa — e talvez você queira tentar. Ou, se marcar outro voo significar perder a festa totalmente e aparecer só quando seus amigos estiverem cambaleando para casa do Whisky Saigon às 5h (e cerca de cinco horas antes de eles decidirem abandonar o brunch pós-aniversário), talvez você queira desistir e não piorar as coisas. Depende de você, cara. Qual é o seu resultado ideal?

Triagem: Suas prioridades devem ser definidas para atender ao seu RIR. É uma questão de tempo e dinheiro se você puder encontrar e pagar outra passagem, ou energia e dinheiro se decidir que, em vez de aparecer, vai ligar para o bar e usar o dinheiro do voo cancelado para pagar bebidas para seus amigos e um táxi de volta para sua cama. Seja como for, o tempo está passando, motivo pelo qual priorizamos — mais uma vez, com certo pesar — COM BASE EM URGÊNCIA.

(Ou você pode decidir que seu resultado ideal mais realista é encontrar outro voo parra Boston, mas fingir que não conseguiu, e assistir a um jogo no ginásio Fenway enquanto seus amigos lamentam suas escolhas de vida. Aí, Sox!)

- **As notas chegaram. Você será reprovado.**

Avalie a situação: o que isso significa? Estamos falando de um exame ou de todo o curso? Curso secundário ou autoescola? Perdeu a bolsa ou só um pouco de respeito do professor?

Para ilustrar o exemplo, digamos que você ainda não perdeu o curso de, ah, que tal, Ciências A-35: Matéria no Universo, mas, como está no meio do semestre, o fim está próximo.[*]

RIR: um resultado *ideal* seria você melhorar seus hábitos de estudo e sua capacidade de compreender "ciências" e gabaritar todas as provas daqui até levar suas notas ao nível mínimo para passar. Infelizmente, isso não é *realista*. Sua melhor chance provavelmente é reduzir o prejuízo e abandonar a matéria antes que você perca um ponto na sua média geral.

Triagem: bom, Einstein, tempo é essencial. As regras universitárias determinam que qualquer nota conseguida depois da metade do semestre fica no seu histórico permanente, então você precisa entregar a documentação para abandonar o curso o mais depressa possível. Depois, consulte o cronograma de aulas e veja se pode encaixar esse maldito crédito em ciências no semestre seguinte — e que matéria opcional fácil e aceitável você terá que sacrificar em seu lugar. Desculpe, Inglês 110FF: Ficção Medieval de Fãs, eu nem te conhecia.

---

[*] 1998 foi um ano difícil para mim, tá bom?!

170   Calma aí, P*rra!

É angustiante descobrir que você está falhando em algo em que precisa ter sucesso a fim de conseguir um diploma, uma carteira de motorista ou uma nota 10 do fiscal de vigilância sanitária da cidade? Sim, é. Existem vários meios lógicos e racionais de lidar com o problema? Sim, existem. Agarre um.

- **Uma tempestade forte e violenta cai sobre a cidade.**

Avalie a situação: Vá até a sua casa (e área de terreno, se tiver) e avalie a extensão da destruição.

RIR: Proteja o local de outros danos, conserte o que estiver quebrado e não vá à falência por causa disso.

Triagem: Aqui está uma prioridade máxima secreta — faça fotos. Você precisará delas para o pedido do seguro, o que significa que eles não podem esperar que você comece a reparar o local. Em seguida, conserte goteiras e retire a água parada e tapetes encharcados, se puder. Mofo é uma merda horrível, e você não quer que se espalhe no closet do hall. Quaisquer portas e janelas quebradas devem ser fechadas para evitar entrada de mais chuva ou de ladrões/guaxinins oportunistas. E se a casa estiver temporariamente sem energia, passe o conteúdo da geladeira para um cooler para preservar o que puder. Depois de cinco horas arrastando tapetes molhados, você estará morrendo por um pedaço daquela sobra de torta de frango.

Isso é o que me ocorre no momento — é claro que poderia haver coisas em quantidades muito menores ou maiores ou diferentes com que lidar como resultado de um merdacão/furacão real desse tipo. Mas, não importa o que aconteça, **você não pode fazer tudo PRIMEIRO**. Se ao menos priorizar com base na urgência, **fará as coisas *certas* primeiro**.

Por exemplo, você pode querer cobrir aquele buraco no telhado com uma lona antes de começar a salvar os vasos de plantas que vem cultivando no porão para se distrair. Só um palpite.

Dobre-se! (o princípio do bônus)

Se *Get Your Shit Together* tratava de curvar a vida à sua vontade, este livro o ajudará a não ser quebrado por ela. Como? **Seja flexível quando a situação exigir.**

Quando a merda acontece (p. ex., chuvas de monções repentinas, caras do telhado que não aparecem, caças noturnas à aranha), gera um abalo de pequeno-a-grande em seus planos. E, embora manter uma posição rígida diante de desdobramentos indesejados seja bom para, por exemplo, eliminar apoiadores do Trump em seus feeds, não é terrivelmente útil em outras ocasiões.

Você tem que ser flexível.

Não falo de encostar o nariz no joelho (apesar de isso ser impressionante e, certamente, os logigatos aprovariam). **Não se trata de se contorcer como um gato, mas de *pensar* como um.**

Como exemplo, quando minha Gladys descobre que o terraço está lotado de humanos e, portanto, sente que não poderá comer sua ração em paz ao soar das 17h, como está acostumada, ela passeia pela lateral da casa e espera que todos desapareçam. E caça um lagarto como aperitivo para se aguentar até a refeição.

Gladys não é boba. Ela não vai miar: "Danem-se vocês!" e estupidamente partir para terrenos desconhecidos só porque seus horários ficaram um pouco confusos. Ela sabe que há outros modos de conseguir comida (esperar por ela, caçá-la) e se quiser comer, só precisa relaxar (ou matar). Uma logigata, com certeza.

Como Gladys, você não pode se dar ao luxo de surtar (alienar ou abandonar sua fonte de comida) e não alcançar sua meta final (comer o jantar) só porque uma merda aconteceu (humanos mal educados mudaram as regras).

Você tem que ser flexível. **Reorganize. Reimagine. Ataque.**

Infelizmente, a flexibilidade não é uma capacidade inata para todos — para mim, inclusive. Sou, de fato, uma pensadora, o que é ótimo para escrever e editar livros, mas não para me adaptar a mudanças de cenário. Durante quase toda a minha vida, se me dessem regras, eu as seguia. Rigidez era ótimo. Eu sabia com o que estava lidando.

Mas, e se as regras fossem *mudadas*? AH DROGA NÃO. Isso certamente provocaria um surto.

Como avançar? Agora, eu me sinto como se estivesse quebrando as regras que segui e internalizei com tanto cuidado por tanto tempo. Isso não parece certo. Não posso fazer isso. Estou encurralada!

E, mais especificamente:

Mas-mas-mas VOCÊ me disse para fazer assim e agora está me dizendo para fazer assado e QUE QUE EU FAÇO, RICARDÃO?!? É claro que a confusão e a paralisia resultantes são TOTALMENTE CULPA SUA.

Isso não pode acabar bem para ninguém.

Aqui está uma lição que aprendi um pouco tarde na minha vida corporativa (*mea-culpa* antigos chefes, colegas e assistentes), mas que desde então aplico aos meus relacionamentos profissionais e pessoais com sucesso: **não importa por que essa merda aconteceu ou quem (se houve alguém) "mudou as regras".**

Só importa que aconteceu, que elas mudaram e que você tem que ser flexível e lidar com ela. E ISSO significa se preocupar menos com o *por quê?* e mais com o *ok, o que acontece agora?*

Afinal, de quem é a culpa?

Culpar alguém é um impedimento clássico para lidar com qualquer merda que aconteceu. Tanto tempo desperdiçado. Tanta energia. Por que não vai dar uma volta de monociclo em Appalachia enquanto isso? Determinar quem é o culpado não solucionará seu problema e também não fará com que você se sinta melhor em relação a ele. Quanta satisfação lhe trará intimidar seu colega de trabalho Sven a admitir que foi ele que deixou o notebook com os slides da apresentação no táxi que vocês dividiram ontem à noite? São 7h, seu cliente está esperando a bonança em PowerPoint em duas horas e *você e Sven* estão com cheiro de quem veio de um encontro secreto no quartinho dos fundos do Big Bi. Pare de procurar culpados, tome uma ducha e mande Sven para a Kalunga do centro para comprar um flipchart e uma caixa de marcadores.

---

174   Calma aí, P*rra!

Lembre-se: quando parecer que as opções estão desaparecendo a sua volta, a habilidade de ser flexível cria outras novas. **Enquanto você estiver se curvando, não está quebrado.***

Chegando!

Escute, sei que você está meio ocupado lendo um livro incrível, mas a sua mãe, Gwen, acabou de ligar do aeroporto. SURPRESA — ela vai chegar em 45 minutos, ficará uma semana e, ah você pode chamar um Uber? Obrigada, amor.

Você se acalmou, porra? Ótimo, porque, do contrário, falhei com você e terei que "procurar uma verdadeira vocação" como uma prestativa crítica sugeriu recentemente online. (Obrigada, Dorothy — sua contribuição foi valiosa.)

Não precisa entrar em pânico — este é um sólido Trabalho de Recuperação. Você não vai recuperar sua tarde, mas pode minimizar a chegada do furacão Gwen. Se sua casa não está exatamente pronta para uma sessão de fotos para Casa Cláudia e você está pouco se lixando para o que a sua mãe pensa desse tipo de coisa, parabéns! "Lidar com o problema" acaba de ficar muito mais fácil. Mas se você se *importa* com o que ela pensa desse tipo de coisa, então tem uma minúscula janela de tempo para arrumar e um monte de lugares por onde começar.

---

* Essa é uma citação inspiradora original de Sarah Knight. Grave-a em uma almofada e venda-a no Elo 7, se estiver a fim. Você tem minha bênção.

Avalie todas as situações, identifique seu **RIR,** e então faça uma **triagem.**

Se fosse comigo, o RIR seria dar uma boa primeira impressão a Gwen e então impedir que ela inspecione todo o resto de perto.

E começaria com o quarto de hóspedes/sofá-cama. Certifique-se de usar lençóis limpos ou coloque-os na máquina A-G-O-R-A para que estejam fresquinhos na hora de Gwen repousar sua cabeça exausta e perfeitamente penteada neles.

Depois, esconda todos os sapatos jogados, equipamentos esportivos, guarda-chuvas quebrados e sacolas de lona meio vazias de suas últimas férias, que você ainda não desfez, em um armário ou debaixo da cama.

Limpe superfícies visíveis. Esqueça prateleiras e bordas altas — arrastar a escadinha em todo o muquifo só vai piorar suas dores nas costas e você *realmente* não precisa piorar nada nesse momento (**Realista + ideal = VITÓRIA**).

Então, leve o lixo para fora, acenda algumas velas perfumadas e coloque algumas garrafas de Pinot Grigio na geladeira, se tiver. Gwen adora essa merda e, depois de dois copos, ela não vai saber a diferença entre bolas de poeira e seus netos.

176   Calma aí, P*rra!

Ah, e talvez você precise cancelar ou adiar alguns compromissos menos urgentes planejados para esta semana para cuidar de sua hóspede surpresa.

Coisa boa você ser tão **flexível.**

Está tudo na sua cabeça

O exemplo anterior pode ter sido um exercício de organização física — mas onde ele começou? Ora, NA SUA CABEÇA, é claro. Lembre-se de que o Método de Não Preocupação nasce do *descongestionamento mental*.

Etapa 1: Calma aí, P*rra! DESCARTE preocupações improdutivas.

(Gwen já chegou; não desperdice fundos de surto em coisas que não pode controlar.)

Etapa 2: Lide com o problema. ORGANIZE sua resposta.

(Gaste seu tempo, energia e/ou dinheiro com o que *pode* controlar. Como passar um desodorizador Mon Bijou no sofá-cama. Talvez simplesmente não haja tempo para cuidar daqueles lençóis.)

Muita merda acontece sem aviso. Pais desferindo ataques sorrateiros, pássaros fazendo cocô em sua cabeça ou rachaduras na calçada que o fazem cair de cara no cimento, obrigando-o a caçar

Lide com o Problema   **177**

um serviço dentário de emergência em meio a sua excursão de férias a Locais Assombrados em Charleston. Malditos fantasmas na calçada. Eles sempre *te* pegam.

O que significa que, muitas vezes, você precisa se organizar com pouco ou nenhum aviso de antecedência: avaliar a situação, decidir sobre um resultado ideal realista, fazer a triagem dos elementos e, às vezes, despertar seu lado flexível.

E você vai fazer tudo isso *mentalmente* antes de tentar fazê-lo *fisicamente.*

(Nada de movimentos apressados, lembra? Aquele gato selvagem está faminto.)

No caso do Hóspede Inesperado, você praticamente não tinha tempo para resolver o problema, já aprendeu a não desperdiçar nem um pouco dele surtando e pôde alterar o curso de sua tarde (e o resto da semana) para acomodar sua nova realidade.

Tudo isso foi o descongestionamento mental em ação.

Tudo foi realizado depois que você desligou o telefone, mas antes mesmo de pegar o pano de pó — ao conhecer seus limites, focar o que poderia versus o que não poderia controlar, e priorizar.

Tudo estava no Método de Não Preocupação ajudando-o a se acalmar, porra, e lidar com o problema.

Então, me diga: você está pronto para passar ao próximo nível? PORQUE EU ESTOU.

Merdacões totais: O catálogo de terror

Em minha pesquisa online anônima, perguntei: **"Qual é a merda mais recente que aconteceu com você?"***

Organizei várias dessas respostas em uma série de merdacões totais englobando saúde, finanças, família, trabalho, relacionamento e outros. De dias de cabelos horríveis a ossos quebrados, **ofereço minha interpretação simples e eficiente de cada situação de um ponto de vista lógico e racional.**

Contudo, quero deixar claro — não tenho, necessariamente, experiência pessoal em todas as próximas situações. (Para começar, eu nunca seria flagrada usando uma Fitbit (pulseira inteligente.)) Mas, se meus métodos forem seguros, isso não deveria ter importância, porque deveria ser capaz de realizar as etapas assim como pedi para vocês fazerem em todo este livro.

A ideia que fundamenta *Calma aí, P*rra!* é **aplicar verdades universais a todo o universo de problemas.** Probabilidade. Urgência. Controle (ou a falta de). Aprender a priorizar. Prender seus filhotes emocionais. Ficando de olho no Outro Lado.

E, seja como for, conselhos simples e eficientes à parte, no fim, nada disso é realmente sobre mim e o que eu faria. **É sobre VOCÊ, e mudar sua atitude mental para mudar sua vida.**

---

* Também perguntei "Como você lidou com o problema?" e, considerando as respostas, estou mais confiante que nunca de que vocês, suas famílias, amigos, inimigos, vizinhos, chefes, colegas de trabalho, subordinados, companheiros e principalmente a cunhada de alguém Courtney precisam muito deste livro. Espero que esteja funcionando para você até agora.

Lide com o Problema **179**

VOCÊ avalia o que vê a sua frente.

VOCÊ determina seus resultados ideais realistas.

VOCÊ define suas prioridades e coloca os planos em ação.

Eu sou só a moça desbocada e sensata que ilumina o caminho. Vamos ver o que consegui.

Merda relativamente indolor

Esse é o tipo de coisa que atrapalha ou arruína totalmente seu dia, mas nem tanto sua semana, mês ou vida. Não é o fim do mundo, mas é, pelo menos, levemente irritante. A boa notícia é — aqui há muito potencial para Consertos Totais ou Trabalhos de Recuperação de alto nível. Como eu disse, estou deixando que você se acostume aos poucos. Pense nesta seção como um banho quente.

Na verdade, por que não encher a banheira com água morna para relaxar enquanto lê? Se você não tiver uma banheira, uma dose de tequila vai produzir um efeito parecido. Pelo menos, foi o que me disseram.

- **O restaurante perdeu minha reserva.**

Avalie a situação. Estão lhe oferecendo a próxima mesa que desocupar, e isso é aceitável para você? Em caso positivo, você sabe como dizer: "Você poderia nos conseguir uma rodada de gin e tônica enquanto esperamos?" Ótimo, tudo resolvido. Mas se for: "Sinto muito, não temos como conseguir uma mesa hoje à noite", então seu tempo, energia e dinheiro serão mais bem gastos prestigiando outro estabelecimento, e não ficando nesse só para falar com o gerente. (Além disso, lembre-se do que falamos antes — você não quer acabar com uma avaliação sofrível no vídeo viral do YouTube de alguém "Cliente Faz Coisas Inqualificáveis com Grissinis e é Expulso para Sempre do Olive Garden".)

- **Não consegui encaixar 10 mil passos em um dia.**

Merdas acontecem. Você ficou preso em reuniões infindáveis, distendeu o músculo do quadril ou aquela droga de tornozeleira eletrônica não deixa que você se afaste mais que 15 metros da casa, e andar para cima e para baixo 200 vezes realmente deixaria o Aquiles irritado (e os vizinhos nervosos). Se até o momento você comprometeu seu traseiro com um programa de exercícios rigoroso, este é um ótimo negócio — mas, nesse caso, você ainda está com o traseiro comprometido. Ótimo trabalho! Talvez suas magníficas panturrilhas possam se beneficiar de uma pausa?

Ou, se você mal começou essa história de "exercícios", talvez se sinta deprimido porque não consegue estabelecer uma rotina. Seja como for, se isso o incomoda muito, simplesmente leve o saldo negativo para a meta do dia seguinte. Não vou contar ao seu Fitbit.

- **O corte de cabelo ficou horrível.**

Bem-vindo ao início de minha adolescência. Na falta de uma máquina do tempo ou de um fabricante de perucas personalizadas de plantão, seu resultado ideal realista provavelmente é disfarçar o prejuízo até que os cabelos voltem a crescer. Posso lhe apresentar chapéus, testeiras, grampos, gorros, bandanas, echarpes, megahair e/ou o conceito de não dar a mínima?

- **Meu chefe gritou comigo.**

Você fez besteira? Em caso positivo, então é uma pena você trabalhar com um gritador, mas ao lidar com isso deve focar o que você pode fazer para garantir que não provoque sua ira no futuro. Se você não mereceu os gritos e estiver se preparando para sua defesa total, primeiro avalie se seu chefe é do tipo que muda de ideia e se desculpa quando ouve calmamente as provas de seu erro de cálculo. Se você definir que ele não é esse tipo de pessoa, então vou pedir que volte à Página 257 , "Planeje sua vingança". Isso vai acalmá-lo e permitir que você organize sua resposta — talvez na forma de uma queixa ao RH ou uma carta de demissão. Ou simplesmente coloque a vingança em prática. Vale muito a pena.

- **Pulei na cama elástica e no dia seguinte meu corpo doía tanto que eu mal podia me mover.**

Bom, essa é complicada. Assim como o soldado que salta de paraquedas atrás das linhas inimigas fica preso no equipamento e quebra alguns ossos inegociáveis — é hora de recorrer ao Quarto Fundo e chamar reforços. Neste caso, lidar com o problema significa conseguir alguém para *ajudá-lo* a lidar com ele, possivelmente na forma de um amigo corpulento que possa carregá-lo até o carro e levá-lo até o quiroprático. Do lado positivo, você provavelmente conseguiu finalizar aqueles 10 mil passos.

- **Enviei um e-mail profissional para mais de 100 pessoas e esqueci de usar Cco.**

Senhoras e senhores, esqueçam o inventor da vuvuzela, encontramos o maior idiota do mundo! Não, desculpem, desculpem, foi uma piada. Não estou sendo justa. Você pelo menos parece entender o *conceito da* cco, então vou deixar passar. Todos cometemos erros. Há dois caminhos a seguir. (1) Você pode enviar outro e-mail para a mesma lista (com cco, desta vez, desculpando-se e implorando às pessoas para não-responder-a-todos do original — apesar de, na minha experiência, agora as sete pessoas no seu escritório que não têm a menor ideia do que seja "não responder a todos" já o fizeram. (2) Você pode ficar quieto em sua mesa e pensar no que fez. Depende de você.

- **Fiz cocô nas calças (já adulto).**

Ui. Espera-se que você, como adulto, também tenha os meios de se limpar, descartar suas roupas sujas e, se necessário, prender um suéter na cintura e ir até a C&A comprar calças novas. Ah, bom, pelo menos você não se esqueceu de mandar um e-mail no trabalho com cco para mais de 100 pessoas.

- **A impressora não funciona.**

Este caso — de novo, diretamente de minha pesquisa — me faz lembrar meu primeiro dia no meu primeiro emprego como editora assistente na cidade de Nova York. Eram 10h30 e a grande e assustadora chefe-da-minha-chefe pediu-me que eu tirasse umas cópias e as entregasse "antes das onze", e foi então que eu conheci a copiadora Xerox do Inferno. Ela apitou. Ela prendeu o papel. Grampeou indiscriminadamente. Prendeu o papel de novo. Enquanto eu estava na sala de cópias perguntando se era melhor confessar para a chefona que eu, recém-formada, não sabia usar uma copiadora, ou apresentar minha demissão ime-

> **5 coisas que pode fazer acidentalmente não tão ruins quanto não mandar cco para mais de 100 pessoas no e-mail do trabalho**
>
> Arruinar o final de *House of Cards* antes que seu namorado assista.
>
> Morder um pêssego podre.
>
> Ficar bêbado e beijar sua prima.
>
> Marcar um gol contra e fazer seu time perder a Copa do Mundo.
>
> Atropelar o filhotinho do vizinho.

diata, outro assistente se aproximou, teve pena e me mostrou onde estava uma copiadora "melhor".*

Seja como for, o que estou dizendo é — provavelmente há uma impressora que você possa usar. Embora eu endosse as ações do entrevistado anônimo cuja resposta a esse problema foi: "Em nossa rede local lhe dei o nome de 'caixinha de merda'."

- **Bebi tanto na festa de Natal do escritório que... bom, não me lembro.**

Devagar aí, cara. Abra um Gatorade supergelado e preste atenção: *ninguém mais lembra.* E, se alguém lembrar, a melhor forma de lidar com o fato é fingir que nada aconteceu e, assim, cultivar um ar de mistério ainda mais assustador/intrigante do que sua interpretação dramática de "Shape of You" regada a ponche no karaokê. Então, use o próximo arrasta-pé do escritório como oportunidade de fazer seu rival tomar todas e passe a batata quente para ele.

---

* Até hoje me pergunto se a chefona me jogou aos leões de propósito. Eu não me surpreenderia.

Lide com o Problema   **185**

Merda chata

Aqui temos a merda de nível-médio-a-alto, aborrecida, inesperada e indesejada. Ela tem o poder de entravar seu estilo em um futuro próximo; você vai usar mais tempo, energia e/ou dinheiro para se recuperar dela; e os consertos totais ocorrerão em número cada vez menor e com menos frequência. Felizmente, se conservou uma boa quantidade de fundos de surto — acalmar-se do modo adequado e com baixo impacto conforme minhas instruções da Parte II — você estará em boas condições de lidar com ela.

Porém, por ora, vamos ver se consigo inspirá-lo.

- **Meu carro foi guinchado.**

Dependendo da rapidez com que precisa recuperar o possante, talvez você tenha que remanejar alguns itens no calendário empoeirado — e, talvez até drenar aquele velho fundo de férias (ou estourar o velho cartão de crédito) para remover o veículo do pátio do departamento de trânsito. Assim, vamos analisar o cenário: onde está o carro? Quando você precisa dele? Quanto vai custar? E, em termos de resultado, o *ideal* é você recuperá-lo logo, com maior impacto negativo na sua programação; ou em um momento mais conveniente, mas acumulando mais diárias de estadia? Faça a triagem necessária.

- **Descobri que devo impostos ao governo.**

Mesmo sem conhecer os detalhes de sua situação em especial, tenho certeza de que os Três Princípios de Lidar com o Proble-

186 Calma aí, P*rra!

ma podem ser aplicados. Avalie a situação: quanto você deve? Até quando você deve saldar a dívida? O cronograma de pagamento é realista — sim ou não? Se você tem o dinheiro agora, preencha o cheque e acabe com isso. Vai doer, mas não tanto quanto uma multa de US$100 mil e até cinco anos de prisão. Se você não tem como saldar a dívida em um prazo apertado, sempre há um plano de pagamento. Se você nunca vai ter esses meios, pode ser hora de consultar um advogado tributarista (ou o Google, se não puder pagar um advogado) e descobrir qual pode ser seu próximo melhor movimento. Faça a triagem dessa merda e pare de perder dinheiro com juros de mora.

Talvez o advogado do Google revele uma extensão que você possa reivindicar ou algum tipo de auxílio que possa solicitar. Só sei que, quanto mais esperar, mais juros e multas acumulará — e se acha que o governo o está sangrando agora, espere só até que ele o declare morto à chegada em um tribunal federal.[*]

> ### Dormiu, sumiu (seu carro)
>
> Eu mesma conheço VÁRIAS pessoas que deixaram uma dívida controlável (multa, fatura do cartão, penhor de imposto etc.) se tornar o pior resultado possível pela simples fuga. Em alguns casos, ela se deu por graves questões de saúde mental e, como eu disse, não sou autoridade em tratamento de doenças que podem detonar sua vida

---

[*] Você também pode dizer *foda-se* e mudar-se para onde Judas perdeu as botas, de modo que o Tio Sam não o ache nem com um rifle do exército Mark V HD com mira telescópica. Boa sorte! Tenho certeza de que vai ser mais fácil do que pagar os impostos.

Lide com o Problema **187**

financeira pela inércia. Mas *sou* autoridade em plantar um pouco de bom senso na cabeça de vocês. E também não estou falando de pessoas que não pagam contas porque não têm dinheiro — esta é uma besteira diferente. Estou falando das que podem, mas não reconhecem que a dita conta *precisa ser priorizada* em relação às mil tarefas diárias, e cujo adiamento resultará na perda do carro, do bom escore de crédito ou do sítio de vários andares. Considero meu dever solene ajudá-lo a evitar esses resultados e, se eu tiver que lhe lembrar de suas merdas para atingir o objetivo, que assim seja. E foda-se.

- **Minha namorada disse que sou ruim de cama.**

Você tem todo o direito de ficar magoado, zangado ou simplesmente surpreso, mas nada de bom resultará ao mimar esses filhotes emocionais por mais que uma tarde. Quando você se recuperar do que, inegavelmente, foi o maior choque de sua vida e avaliar a situação, descobrirá que tem algumas opções — cabe a você decidir qual delas usará a coroa RIR. Você pode romper com ela e aguardar ser apresentado a uma mulher que saiba apreciar seus talentos conjugais. Ou você pode aceitar as críticas e fazer algumas mudanças em sua técnica.

(Aqui, mais uma vez, sinto a necessidade de ressaltar a simplicidade que é "lidar com o problema". Em muitas situações de resolução de problemas, trabalhamos com dois elementos — fazer isso ou aquilo, para começar a acertar o rumo da embarcação. Escolha um e vá em frente. Ou escolha outro e algeme-se à cama com ele. O que funcionar, Fábio.)

188   Calma aí, P*rra!

- **Fraturei um osso mais ou menos importante.**

É óbvio que a primeira coisa a fazer é procurar atendimento médico, mas a caminho do PS (ou quando a anestesia passar) você pode usar mais tempo catalogando as consequências e fazer/mudar seus planos de acordo com o tempo de recuperação previsto. Você ainda pode ir trabalhar? Que outras responsabilidades cotidianas podem ser prejudicadas pela sua tíbia rabugenta? Seja flexível! Por exemplo, meu marido faz nossas compras de mercado e cuida do jantar, e, quando ele quebrou a clavícula em um passeio imprudente de motocicleta, tivemos que procurar alternativas para comer durante as quatro a seis semanas seguintes. Elas se chamam lasanha de micro-ondas. Sugiro que pense nisso.

- **Não entro no meu vestido de madrinha/smoking para esse casamento... hoje.**

Supondo que seu RIR seja aparecer como um membro do grupo da noiva ou do noivo e impressionar seus amigos enquanto usa o traje do casamento escolhido por eles, você pode se resignar a parecer um pouco espremida nas fotos, e então "acidentalmente" derramar vinho tinto em seus colegas durante o jantar e trocar por aquele traje-larguinho-mas-ainda-adequado-para-um-casamento que você "esqueceu completamente que tinha no porta-malas!"

Lide com o Problema **189**

- **Não passei no exame de direção.**

Mesma coisa. Lidei com o problema xingando a placa PARE sacana em silêncio, resmungando um dia inteiro e depois refazendo o exame na primeira oportunidade. Se você for reprovado de novo (e de novo), talvez deva treinar mais um pouco. Ou resignar-se a depender do transporte público. Ou ganhar dinheiro suficiente para poder contratar um motorista. #METAS.

- **Os canos da minha casa congelaram e estouraram.**

Na qualidade de proprietária relativamente nova de uma casa, eu mesma me surpreendo sempre com a quantidade de merda que pode dar errado dentro, embaixo, em volta e em cima dela. Que qualquer falha no seu domicílio ocorra no local em que você também precisa dormir — isso sem mencionar possivelmente trabalhar e criar filhos — torna a situação triplamente frustrante. Assim, você pode se ver tentado a desperdiçar fundos de surto agitando os punhos para os deuses quando se der conta do que ocorreu atrás das paredes da sua cozinha. Mas você precisa sufocar esse impulso e dirigir suas energias para a tarefa muito mais urgente de encontrar um bom encanador que possa aparecer em cima da hora.

- **Recentemente, decidi comprar um Whopper com queijo às 6h30. Enquanto dirigia, deixei o cheeseburguer cair e bati em outro carro no semáforo.**

Quem, entre nós, nunca sentiu desejo de consumir carne processada de madrugada? "Faça do seu jeito", caro entrevistado anônimo. Espero que depois de ter rido bastante do absurdo dessa situação difícil, você tenha ágil e responsavelmente checado os danos nos dois carros e, se necessário, contatado as respectivas seguradoras. Também espero que você tenha voltado para pedir outro Whopper. Você vai precisar de sua força para explicar ao seu chefe por que chegou uma hora atrasado no serviço coberto de molho especial.

- **Minha melhor amiga está furiosa comigo.**

É porque você derramou vinho tinto naquele vestido de madrinha que ela escolheu com tanto carinho um ano atrás e no qual você agora parece uma linguiça de tafetá lilás? Não? Ok, bom, qualquer que seja o motivo, faça uma rápida avaliação pelo que você terá que se desculpar e com que rapidez poderá encaixar isso na sua agenda lotada lendo livros de autoajuda profanos. Se você estiver errada e o seu RIR for fazer com que continuem melhores amigas, então vá em frente. Ou, se esse incidente lhe oferecer um caminho conveniente para voltar atrás nas tendências de codependência de vocês, também está ótimo. Veja quem pisca primeiro.

- **Tive que seguir uma dieta muito rígida por causa de problemas de saúde.**

Lembra quando eu disse que tudo que acontece na sua vida é, de fato, tão ruim quanto você acha que é e que eu nunca vou

Lide com o Problema **191**

> Fato interessante: em minha pesquisa anônima, perguntei: "Você odeia quando acontece algo ruim e as pessoas lhe dizem que 'tudo vai ficar bem'?" 77,4% dos pesquisados disseram: "Sim, isso me deixa puto".

ser a pessoa a lhe dizer: "Tudo vai ficar bem", ou, "Ah, não é tão ruim assim"?

BEM, CONSIDERE-ME UMA MULHER QUE CUMPRE A PORRA DE SUA *PALAVRA*.

Se seguir por este caminho, tem toda minha solidariedade. E, por favor, saiba que pelo fato de analisar o problema de forma lógica não estou, de modo algum, invalidando seu desconforto emocional. Restrições alimentares são horríveis e uma merda. Elas nos roubam um dos maiores prazeres da vida e, muitas vezes, segui-las até o fim é penoso e caro. Uma droga das grandes.

Acalmar-se, porra, será um desafio, mas você tem algumas ferramentas novas e sofisticadas para começar. Você pode planejar uma vingança contra o glúten? Não vejo porque não.

Lidar com o problema será uma combinação de planejamento antecipado e enfrentamento no momento quando estiver diante do cardápio de um brunch, travessas *hors d'oeuvres*, ou em uma cantina de hospital. Além de viajar a todos os locais munido com lanches adequados, o que fazer? Avalie a situação: o que está em oferta e o que não vai agravar seu problema? Resultado ideal realista: comer o suficiente e não ficar doente. Triagem: dependendo de sua situação, este pode ser o momento de utilizar seus lanchinhos de bolso para garantir não ficar irritada de fome, e então procurar um garçom e perguntar sobre ingredientes e substitutos. Além disso, pelo preço, ouvi dizer que leite de aveia é muito bom.

Merda Realmente Pesada

Ufa. Para ser sincera, estou com medo desta parte desde que comecei a escrever *Calma aí, P*rra!* — não por que esteja repleta de coisas como pesadelos (apesar de que, disso também), mas porque estou apreensiva sobre alegar ser uma autoridade em lidar com tudo de pior que a vida tem a oferecer. É muita responsabilidade para uma antiguru desbocada e, embora eu tenha vivenciado algumas merdas realmente difíceis na vida, não monopolizei o mercado, de jeito nenhum.

Os problemas de que vou tratar neste último segmento de nossa rápida jornada estão entre os mais dolorosos e difíceis — se não impossíveis — de serem resolvidos por qualquer pessoa. Na maioria dos casos, duvido até que sejam problemas para os quais você esteja buscando ajuda ao ler *Calma aí, P*rra!*; certamente, existem obras mais completas escritas por pessoas mais qualificadas que eu sobre temas como divórcio, doenças e morte que você poderia encontrar caso desejasse.*

Enquanto lê esta seção, talvez se pergunte que merda vou dizer agora para lidar com seu casamento que está desmoronando ou preparar-se para a quimioterapia. Que direito tenho eu de tagarelar sobre as consequências vantajosas de ter a casa invadida ou

---

* Decididamente, existem.

vivenciar testes de infertilidade, emocional e fisicamente devastadores? Isso sem mencionar aconselhá-lo sobre: precipitações radioativas e percevejos, duas coisas com que tenho exatamente nenhuma experiência. (Até agora, pelo menos. Obrigada, Obama!)

Você tem o direito de se fazer essas perguntas. Como eu disse, eu também as fiz. Mas acredito no poder do Método de Não Preocupação para ajudá-lo, mesmo em seus momentos mais sombrios, precisamente **porque é um jeito diferente de analisar esses momentos sombrios do que você pode estar acostumado a ouvir de amigos, parentes ou até de seu terapeuta.**

O que quer dizer que, se você achar as próximas páginas de conselhos brutalmente pragmáticas e sem emoção — bem, essa é mais ou menos a intenção.

Escrevi *Calma aí, P*rra!* partindo do princípio de que ninguém mais na sua vida vai lhe dar conselhos brutalmente pragmáticos e sem emoção sobre sua ansiedade, estresse e problemas porque elas estão ocupadas demais lhe dizendo QUE TUDO VAI FICAR BEM e dourando a pílula de como exatamente fazer isso.

E muito como 77,4% dos meus respondentes da pesquisa, isso me deixa muito puta da vida.

Isso dito, minhas sugestões para lidar com sua merda realmente pesada vêm com o mesmo qualificador que apresentei algumas vezes neste livro: **ansiedade, pânico, depressão e trauma podem ser candidatos para o tratamento de Não Preocupações, mas também são Nada Engraçados.** Se você estiver passando por qualquer situação sobre a qual estou prestes a dar conselhos para enfrentá-la, significaria muito para mim se você *também* falasse com um profissional sobre o que pode fazer para se sentir melhor e mais impetuoso.

Agradeço de antemão por me deixar feliz.

Dessa forma, entramos na terceira e última fase dos merdacões totais: um catálogo de terror. Se a primeira dessas seções foi como entrar em um banho quente, este é mais como acordar em uma banheira cheia de gelo e descobrir que você está com um rim a menos.

E, embora eu não tenha necessariamente todas as respostas, **espero poder virar você na porra da direção certa**.

Miau.

- **Fui roubado.**

Não importa se sua carteira foi batida, se seu cofre foi arrombado ou seu carro foi roubado, você ficará abalado. E, dependendo do que os ladrões levaram, você pode ficar um pouco ou muito incomodado. Some a isso quaisquer lesões corporais graves e temos uma trifeta de merda com que lidar — e isso DEPOIS de você conseguir se acalmar, porra. Mas, quando se trata de lidar com o problema — primeiro, garanta sua segurança pessoal. Chame a polícia. Acha que pode ter sofrido uma concussão? Chame uma ambulância.

A casa de um amigo foi roubada recentemente com as crianças em seu interior. Ele deveria se apresentar em um concerto naquela noite, mas, em vez disso, deu o cano no compromisso, cobriu a porta arrombada com tábuas e montou guarda para proteger a família até a manhã seguinte.

Prioridades, manos. Prioridades.

Você pode usar o mesmo processo de triagem para ser reembolsado pelas coisas que perdeu e substituir as mais urgentes primeiro, se puder e/ou seu seguro o indenizar.

> NOTA: Se quis dizer: "Fui roubado" no sentido de que seus Petiscos de Porco ganharam o segundo lugar no Desafio Anual de Carne Defumada do Clube do Alce, volte algumas páginas no catálogo. Da próxima vez, que tal defumar um verdadeiro alce? Juízes de programas de gastronomia na TV sempre dão pontos extras para quem adere ao tema. Mal não faz.

Você também deveria começar a praticar o "Então *isso* aconteceu". Com isso, quero dizer — conte às pessoas o que houve para que elas possam ajudá-lo ou, pelo menos, aliviar algumas de suas preocupações mais sérias. Por exemplo, se houver um prazo de entrega se aproximando, você se sentirá um milhão e dois porcento melhor se informar quem precisa ser informado que seu notebook foi roubado e certamente receberá uma prorrogação, porque seja quem for não é um idiota.

Sem dúvida alguma, essa é uma situação terrível, medonha, horrível e muito ruim — mas nem um surto prolongado nem um esforço descuidado para lidar com o problema o ajudará a salvar sua merda. Avalie a situação, identifique seu resultado ideal e então vá atrás dele com um passo concentrado e urgente de cada vez.

- **Vou me divorciar.**

Isso pode acontecer *com* você ou com alguém próximo, mas provavelmente é horrível para todos os envolvidos. Não estou tentando minimizar a crise emocional que está sofrendo quando digo: "Uma coisa que você pode fazer é ser racional e priorizar."

Mas, hum, que tal experimentar?

Se o divórcio for iminente e não houver mais nada que você possa fazer para impedir que seu casamento se dissolva, agora é uma boa hora para focar o que você *pode* controlar e alcançar seu resultado ideal realista. Talvez esse RIR seja se separar do modo mais amigável possível. Talvez seja ficar com a casa, os carros e a custódia total daquela panela de pressão elétrica. Talvez seja apenas passar por todo o processo sem que seus filhos a vejam chorando. Não será fácil, mas se você puder prender seus filhotes emocionais — mesmo que por períodos curtos — para atender a objetivos concretos, pelo menos você estará "lidando com o problema" de modo mais eficaz.

Além do que: tajine de cordeiro em apenas 35 minutos!

- **Estamos com dificuldade de ter um bebê.**

Jesus, desculpe. Eu disse que as coisas ficariam tenebrosas neste trecho.

Não sei virtualmente nada sobre gravidez exceto pelo fato de que não quero vivê-la o que, provavelmente, faz de mim uma guru menos qualificada, seja anti ou não, para dar conselhos práticos sobre o tema. Mesmo assim lembro-me de uma conversa que tive com uma amiga querida alguns anos atrás, bem antes de criar o Método de Não Preocupações. Ela e o marido vinham tentando engravidar e falhando há muito tempo e, enquanto estávamos saboreando uma porção de quitutes do Oriente Médio, eu lhe disse com segurança: "Vai ficar tudo bem. Tenho certeza de que vocês vão conseguir resolver". (E para ficar bem claro, *posso* até ter dito algo como, "Você só precisa relaxar".)

Em outras palavras, respondi EXATAMENTE DO JEITO ERRADO. A expressão no rosto dela foi parte sofrimento, parte homicídio doloso.

Admito que estou prestes a sobrecompensar na direção oposta, mas, já que começamos, vamos partir para a FIV, *tendeu?** Se você está experimentando a mesma combinação de angústia e raiva de sua situação como minha amiga, eu me pergunto agora — *com muito respeito* — se seria útil prender seus filhotes emocionais por um momento e convocar os logigatos para reconhecimento do terreno.

---

* Sim, sei que estou brincando com a sorte. Faz parte do meu charme.

198   Calma aí, P*rra!

Respire fundo e avalie a situação: em termos de idade fértil, em que ponto você e seu companheiro estão? Onde se encontram no processo de tentar? Vocês fizeram todo o possível ou ainda há algumas cartas na mesa? Quanto tempo, energia e dinheiro mais vocês podem gastar?

Depois de enfrentar essas questões, você pode não ter as respostas que *quer*, e certamente ainda estará triste e zangada — mas, pelo menos, verá a situação com clareza e quais são suas opções para seguir adiante. Clareza é bom.

Quaisquer que sejam as possibilidades *realistas e ideais* para você, é a partir delas que continuará a gastar tempo, energia e dinheiro de um jeito produtivo — seja para continuar a fazer o que estava fazendo ou procurar alternativas. Dessa forma, você estará trabalhando com esforço e inteligência para atingir a meta de engravidar e poderá se sentir bem sobre isso mesmo quando não puder evitar se sentir mal sobre as partes do processo que simplesmente não pode controlar.

Se você passou por isso, sei que viveu esse tormento, como tantos de meus amigos e parentes. E uma abordagem racional pode parecer destituída de empatia, mas funciona.

Eu só quero ajudá-lo a aceitar a situação e chegar onde quer.

- **A França ficou sem manteiga.**

FATO: Houve uma falta de manteiga nos supermercados franceses em 2017 e não vou dizer que fiquei com palpitação quando li as manchetes, mas também não vou dizer que não. Fiquem de olho, amigos. Se acontecer de novo, você vai precisar estudar melhores práticas de armazenamento *tout de suite*. (E, se acha que isso consiste em uma merda meramente "chata", então, você, Monsieur, nunca comeu um croissant que preste.)

- **Acabou de acontecer um desastre natural.**

Eu abusei um pouco dos furacões no início do livro, mas você também conseguiu seus tornados, enchentes, incêndios, erupções vulcânicas, terremotos e — o astro do mais assustador do pesadelos — tsunamis. Hesito em fazer generalizações (piadas, muito menos) quando a família de meu marido enfrentou o Furacão Katrina; a mãe de minha amiga perdeu a casa para o Harvey; e só no outro dia, um terremoto a 480km de distância sacudiu a nossa casa, fazendo o sofá em que eu estava sentada vibrar como a cama de um hotel de alta rotatividade — e matando pelo menos 15 pessoas no epicentro, no Haiti. Essa merda é uma droga. Mas se você tiver sorte o bastante para acordar na manhã seguinte de uma megacalamidade e ainda tiver ar nos pulmões, bem, você está mais do que envolvido na busca de uma solução. E antes que você possa esperar conseguir um Conserto Total ou dar início a algum Trabalho de Recuperação, você estará partindo do ponto de Sobrevivência

Básica. Água, comida, abrigo. Você vai precisar deles, então é hora de procurar por eles.

Mas você sabe disso. Essa sou apenas eu dando voz ao seu cérebro de lagarto, lembrando-o de que seus instintos para preservar sua segurança pessoal são seu melhor plano para "lidar com o problema".

- **Fui diagnosticada com (complete com algo terrível).**

Gente, eu já aceitei a realidade de que, após a publicação, serei atacada por um número nada pequeno de leitores que me acusarão de tratar tragédias, farsas e corações partidos com superficialidade. Eu só posso dizer que o livro não se chama *Fique Bem, Querido, Isso Também Vai Passar*.

Como enfatizei repetidas vezes, para irritação do meu editor (embora não para o departamento jurídico), NÃO SOU MÉDICA. Não sou especialista em nada, a menos que conte "detestar os New York Yankees do fundo do coração". Nestas páginas admiti que a ansiedade, o pânico e bancar o avestruz são meus mecanismos instintivos de sobrevivência e que, muitas vezes, conto com a maravilha de medicamentos receitados para calibrar meu cérebro e corpo propensos a surtos.

E, mesmo assim, nestas mesmas páginas, tentei mostrar que é possível acalmar-se, porra, e lidar com os problemas de modo mais eficiente e eficaz do que continuar comprometido com os processos ansiosos, tristes, de fuga e atabalhoados que você e eu "apreciamos" até esta data.

No que se refere à saúde de uma major league (liga principal), não alimento ilusões de que qualquer um de nós possa aceitar calmamente algo como uma doença crônica ou — oh Deus — potencialmente fatal. Pessoalmente, porém, eu realmente tentaria com muito esforço aplicar toda preocupação produtiva, útil e eficaz possível.

E, afinal, quem estamos enganando? Eu choraria rios de lágrimas, comeria besteiras para me sentir melhor e pediria uma receita de maconha medicinal, na hora.

- **Estourou uma guerra nuclear.**

HAHAHAHAHAHA. Sei admitir quando fui derrotada.

- **Percevejos.**

Nunca tive percevejos, mas meus amigos sim, e suas vidas se tornaram um borrão de inseticidas tóxicos e recibos de lavanderias durante meses. Talvez eu possa convencê-los a fazer um post no meu site como convidados. Fique ligado.

Enquanto isso, posso lhe dizer que tivemos cupins no ano passado e estou orgulhosa em contar que não surtei nem um pouquinho. Quando descobrimos suas felizes e pequenas pilhas de "excremento"* acumulando-se no closet debaixo da escada, pode acreditar, eu entrei na *zona* Lide com o Problema. Passei o aspirador, tirei toda a comida, louça e objetos con-

---

* Um termo mais simpático para cocô de cupim. Talvez você vença uma partida de Trivial Pursuit com ele algum dia.

202 Calma aí, P*rra!

tamináveis da casa, chamei um dedetizador para fumigar os ambientes, depois tirei todas as peças de tecido e as lavei. Duas vezes. Em seguida, aconselhada pelo dedetizador a dar o passo extra e desagradável de remover totalmente a madeira afetada — que exigiria fazer um novo armário debaixo da escada — eu disse, RAIOS, SIM, TROQUE TUDO. Uma semana depois, estávamos felizes e livres de cocô de cupim.

Aqueles filhos da mãe nem se tocaram que estava vindo.

- **Morte.**

Provavelmente, você está se perguntando quando eu falaria da morte. Não da morte de um hamster ou de um gato, mas da de seres humanos-plenos-deixando-de-ser. Você tem visto as horas passar, esperando que eu enfrentasse a mãe de todos os merdacões, matutando como — exatamente como — a Pequena Srta. Antiguru proporá que você se acalme, porra, e lide com a M-O-R-T-E.

E talvez eu devesse ter parado de repente, antes de incluir essa seção, para evitar manchar a preciosa autoridade e boa vontade que conquistei até agora. Mas todos teremos que lidar com a morte algum dia — a nossa ou a mortalidade de seres amados — e ignorar isso me tornaria deliberadamente ignorante ou uma trapaceira indecente e detestável, nenhum dos quais quero como meu epitáfio. Além disso, eu penso na MORTE O TEMPO TODO, então posso muito bem explorar minha imaginação hiperativa por diversão e lucro.

Lide com o Problema   **203**

Para obter efeito completo, vamos voltar um pouco para a Merda que Ainda Não Aconteceu e falar sobre a ansiedade em relação à simples *possibilidade* da morte.

Para mim, essa é a Mãe das Tarântulas. É para onde quase todas minhas ansiedades menores me levam — como: *acabo de ver o motorista do ônibus bocejar* facilmente sofre uma metástase e se transforma em *e se morrermos em um engavetamento na estrada e meus pais tiverem que limpar nossa casa, o que significa a gaveta do meu criado-mudo, o que significa... ah não.* E então, quando chego a esse ponto, não há outro lugar para ir. Acaba sendo um alívio olhar diretamente na cara desse e-se assustador para que eu possa arrancar-lhe os dentes com meu confiável estojo de ferramentas e seguir em frente.

Motoristas de ônibus bocejantes? Pense em *probabilidade*. Esse cara faz a rota das 7h da manhã entre Nova York e Maine cinco dias por semana. Ele tem o direito de ficar um pouco cansado, mas esse não é seu primeiro jogo e ele está tomando um Americano, um expresso diluído com água, e açúcar, então...

Um artigo intensamente divulgado de uma fonte jornalística confiável que prevê que o mundo se tornará inabitável em 2040? Pergunte: *isso é algo que eu posso controlar?* Eu aceito o que não posso mudar nessa situação (a maior parte dela) e volto meu foco para o que posso controlar (votar em políticos que acreditam na ciência climática, reduzir minha pegada de carbono, mudar ainda mais para o interior em dez anos). Eu descarto. Eu organizo. Eu me acalmo, porra. Novamente, não vou alegar que isso funciona *sempre*; ansiedade, pânico e desânimo são ruins o suficiente — quando você adiciona dor e sofrimento ao pacote, você pode ficar sobrecarregado DEPRESSA. Mas essas técnicas funcionam para mim *grande parte* do tempo, e isso é muito melhor que *nunca*.

Alguém que conheço está com uma doença terminal ou apenas está se aproximando para terminar sua vida na velhice? Reconheça a *inevitabilidade*. Essa Categoria 5 já se formou; posso surtar por causa dela agora ou tomar uma decisão consciente de esperar que a merda aconteça antes de tirar minha cabeça cheia de penas de dentro da areia. Em outras palavras: vai ser doloroso quando eu tiver que enfrentar o problema, então por que me torturar antes da hora? Quando sou mordida pelos dentinhos pontiagudos desses filhotes emocionais em especial, eu os solto — lógica, racional e metodicamente. O fato de esses esforços realmente conseguirem atenuar minhas crises ansiosas e irracionais é quase tanto um milagre quanto alguém vencer um câncer em estágio 5. Acho que esse fato por si só os torna merecedores de sua consideração.

Mas então existe a morte que você não vê chegar. A notícia repentina, imprevisível e incompreensível que o leva da preocupação ansiosa para a realidade devastadora: a Merda que já Aconteceu. Eu poderia tentar suavizar o choque dizendo que espero que você nunca tenha motivo para seguir meu conselho nesse campo, mas ambos sabemos que você terá que fazê-lo, e falsidade não é meu forte.

Assim, quando esse merdacão total aterrissar, como você vai lidar com ele?

Certa vez, meu médico me disse que a sensação de injustiça é um dos maiores gatilhos da ansiedade e do pânico, e eu não consigo pensar em injustiça maior do que a morte de alguém que se ama, seja prevista ou inesperada. Quando ela acontece, é provável que você experimente uma série de emoções prolongadas e caóticas. Tristeza, certamente. Até raiva. Mas embora a depressão e a raiva estejam entre os cinco estágios de sofrimento tornados famosos no livro inspirador de Elisabeth Kübler-Ross, *Sobre a Morte e o Morrer*, também declaro delicadamente que a aceitação é o estágio final.

E, agora, você sabe um pouco sobre como chegar lá. Não necessariamente aceitar o resultado em si, mas simplesmente aceitar *a sua realidade*, permitindo que você siga em frente.

Eu estive lá — recebendo a ligação, chorando durante horas, arrastando-me ao longo dos dias, perguntando-me se alguma coisa poderia doer mais ou se aquilo doeria menos algum dia — e, nesses momentos, eu me lembro de que a aceitação acabará acontecendo algum dia porque *é isso que os humanos fazem*. Ninguém vive para sempre, o que significa que todos os dias, quer saibamos ou não, encontramos alguém no processo de sobreviver à morte de outra pessoa. Para mim, recentemente, foi uma amiga que perdeu um irmão, uma colega que perdeu

206   Calma aí, P*rra!

o marido e cada membro de minha família que perdeu em um único homem, seu parceiro, pai, irmão, tio e avô. Assistir a todos atravessarem seus dias e seguirem com suas vidas mostra que é possível fazer o mesmo.

Não será fácil e vai doer, como toda merda, mas é possível.

Assim, para onde ir daí? Sofrimento à parte, que é praticamente impossível de controlar com qualquer outra coisa que não o passar do tempo, quais são as questões práticas de "lidar com" a morte? Muitas vezes, herdamos responsabilidades como organizar o funeral, esvaziar a casa da pessoa amada ou executar um testamento. E por mais mórbidas que sejam essas tarefas, para muitos elas também podem ser úteis. Ao cuidar delas, você reconhecerá elementos de truques da mente — como voltar o foco de seu cérebro enevoado para planos detalhados que exigem todos os neurônios a postos, ou ocupar suas mãos nervosas em tarefas bobas que lhe permitem distrair-se por algum tempo.

Em algum momento, você terá praticado se acalmar, porra, sem perceber. E, quando experimentar o benefício disso algumas vezes, poderá até aperfeiçoar a técnica e colocá-la em prática intencionalmente.

Entretanto, como Kübler-Ross descreve, sofrer é um processo não linear. Você pode se sentir melhor um dia e muito pior no outro. Não estou dizendo que tudo ficará bem, mas *ficará*. Como quem ficou para trás, você é responsável sobre o que isso significa para você.

Lide com o Problema **207**

E lembre-se: sempre que precisar soltar esses filhotes emocionais, você tem as chaves da caixa. Não é vergonha usá-las.

Au-au.

Para você, Bob

Uau. Isso foi intenso. Mas... concorda que o catálogo de terror fica um pouco menos assustador e um pouquinho-até-muito mais administrável quando confrontamos cada entrada de modo racional e não emocional, com um olhar pragmático nos resultados?

E essas técnicas podem realmente ser aplicadas em uma ampla série de e-ses e preocupações?

Assim espero. **Calma aí, P*rra! sempre teve a intenção de lhe oferecer um conjunto de ferramentas para todos os tipos de problemas.** Isto é, apesar de minha existência tropical de relativamente baixo impacto, não é como se eu tivesse os meios de escrever um livro que cobre todas as iterações possíveis de todas as merdas que podem e/ou provavelmente ocorrerão a cada leitor e como lidar com elas.

Mas, de qualquer modo, você não precisou desse livro.

Você precisa de uma caixa de ferramentas que possa *aplicar* a todas iterações possíveis de toda a merda que poderia e/ou provavelmente acontecerá com você.

Isso, em minha opinião, eu proporcionei. E, dentro de um instante, será hora de exercitar suas técnicas de tomada de decisão e solução de problemas novas em folha em uma final de salto de esqui digno de nosso velho amigo, o gato italiano Alberto Tomba.

Antes que vire a página, porém, quero dizer mais algumas palavrinhas:

1. Tenho fé em você.

2. Imediatamente depois da próxima seção, há um epílogo. Não se esqueça de lê-lo para a palavra final sobre minha busca pessoal para me acalmar, porra. Ela envolve um gato selvagem, um pouco de óleo de coco e um merdacão que o probômetro jamais poderia ter previsto.

E, agora, em frente para a próxima… AVENTURA!

IV

ESCOLHA SUA AVENTURA

Quando a merda acontecer, como se acalmar, porra, e lidar com ela?

A Parte IV será muito divertida! No esforço de colocar em prática tudo que ensinei em *Calma aí, P*rra!* em uma seção engraçada e interativa, apresentarei um enigma totalmente plausível, e VOCÊ deverá reagir a ele e solucioná-lo absolutamente sozinho.

Pronto?

Ótimo. Porque essa merda *acaba de acontecer*, viu?!

Você está viajando para longe de casa. Tão longe, que teve que pegar avião, e por tanto tempo que não foi possível colocar tudo na bagagem de mão e foi preciso despachar uma mala. Além disso, está viajando para uma ocasião que exigiu que fossem levados alguns itens específicos e muito importantes. Agora a bagagem está perdida em algum lugar entre o ponto de origem e o destino.

O que há na mala? Bem, quero me certificar de que toda essa história de Escolha Sua Aventura funcione para todos, então digamos que você **esteja sem os seguintes itens**:

- Uma peça de roupa importante que deveria usar na viagem — como orelhas do Dr. Spock para uma convenção de *Star Trek*; uma camiseta personalizada para a festa de aniversário surpresa de Sua Melhor Amiga (APARECI NA FESTA DE 40 ANOS DE RASHIDA E TUDO QUE GANHEI FOI UMA PRÉ-MENOPAUSA), um smoking para a cerimônia de entrega de um prêmio profissional; ou seus sapatos de boliche da sorte para o Campeonato da Liga Nacional do Nordeste;
- Seu pijama predileto;

- Um artigo especial difícil de substituir;
- Todos os seus carregadores. Todos;
- A fotografia emoldurada de seu gato com que você sempre viaja. (O quê?! Eu ficaria chocada se *nenhum* leitor se identificasse com esse exemplo.);
- Um brinquedo erótico realmente fantástico.

Como você reage?

Ei, não olhe para mim. Não sei da sua vida. Mas pensando nessa história maluca em que estou prestes a embarcar, digamos que seu primeiro instinto seja surtar. Escolha qualquer uma das Quatro Faces com maior probabilidade de cair sobre você nessa época de pressão e merda extremas e depois acompanhe-a em uma aventura esclarecedora para se acalmar, porra e lidar com ela. (Ou não, dependendo das escolhas que fizer.)

Então, só para ser meticuloso, escolha outra e a acompanhe.

Para falar a verdade, sabe de uma coisa? Leia todas. Que outra droga você tem para fazer hoje à noite?

Preparar, apontar, SURTAR!

Se você escolher **ANSIEDADE,** vá para a página A.

Se você escolher **TRISTEZA,** vá para a página J.

Se você escolher **RAIVA,** vá para a página O.

Se você escolher **FUGA,** vá para a página T.

A

Você escolheu 😬 ANSIEDADE

Pelo que vale, estou totalmente com você nesta. Embora eu não conheça sua vida, conheço a *minha* — e se eu perdesse todos os trajes de banho que levei para as Bermudas nas férias de primavera do ano 2000, além da cópia de *Odisseia* que deveria ler para o exame final de literatura universal, ALÉM do frasco de Advil cheio de maconha que esqueci que tinha na minha nécessaire, eu teria ficado seriamente ansiosa. Meu bronzeado em potencial e meu GPA em risco, e, se localizassem minha mala, a ameaça de uma equipe da SWAT das Bermudas derrubando a porta do meu quarto do hotel — e eu sem minhas "ervas calmantes"? Noossa!

Voltando a você.

Entendo totalmente por que está ansioso. Porém, a ansiedade não vai resolver o Mistério da Bagagem Extraviada, tampouco recuperar as orelhas do Dr. Spock e seu Magic WandTM em boas condições de uso. Você precisa se acalmar, porra.

Mas como?

Vimos isso na Parte II. FOCO, JIM!

Mande a ansiedade para *%*#: Vá para a página **B**.

Recorra aos P.O.P. (Problemas de Outras Pessoas):

Vá para a página **C**.

Que nada, vou só entrar em pânico. Vá para a página **D**.

B

Você escolheu "mandar a ansiedade para *%#".

Como você lembra, este mecanismo de enfrentamento o encontra fazendo algo construtivo para mudar o foco para outra tarefa por um tempo enquanto você dá um descanso a sua cabeça. Assim:

Se estiver parado na coleta de bagagens hipnotizado pelas voltas da esteira vazia a ponto de ter um ataque de pânico, precisa acordar e sair desse estado. Por que não literalmente? Estale os dedos centenas de vezes e, quando terminar, é hora de ir embora.

Ou vá à loja de bugigangas mais próxima ao aeroporto e veja o que ela vende. Se eles tiverem bolas antiestresse — viva! —, você está feito. Se não, compre uma embalagem de fio dental. No táxi a caminho do hotel, desenrole todo o fio e brinque de cama-de-gato até os dedos sangrarem e ficarem cheirando a menta. Pronto, agora você tem outra coisa com que se preocupar.

Finalmente, quando chegar ao hotel e se der conta de que seu vibrador pode não sair nunca de Denver International — bem, há meios de relaxar e dormir que não precisam de pilhas.

Ufa. Sentindo-se um pouco mais calmo, apesar de tudo? Bom, bom. Você gostaria de tentar esse segundo mecanismo de enfrentamento também, ou prefere ir direto para lidar com o problema?

Sabe de uma coisa? Acho que vou tentar "Recorrer aos POP (Problemas de Outras Pessoas)". Por que não? Maravilha. Vá para a página **C**.

Estou pronto para lidar com isso! Vá para a página **E1**.

Escolha Sua Aventura   **215**

C

Você escolheu "recorrer aos P.O.P. (Problemas de Outras Pessoas)".

Lindinho, você está tendo um dia difícil. Uma forma de se distrair ou se sentir melhor é focar os problemas de outras pessoas.

Como a mulher com a criancinha aos berros sentada algumas fileiras a sua frente. Aposto que ela *gostaria* que aquela vuvuzela humana estivesse pendurada no Setor de Achados & Perdidos do Aeroporto de Denver nesse momento. E também há a tripulação do voo, que tem o privilégio de finalizar um turno de oito horas sondando as fendas entre cada poltrona do avião de 200 lugares em busca de migalhas, salgadinhos caídos e chupetas perdidas. **BÔNUS:** Se você tomar um táxi para o hotel em que se realiza a convenção de *Star Trek*, esse é o único momento em que talvez *queira* conversar com o motorista perguntando: "Ei, qual foi a pior coisa que lhe aconteceu nesta semana? Conte para mim!" Em minha experiência com motoristas loquazes, sua atual situação difícil provavelmente vai parecer leve em comparação com as histórias de locatários gananciosos, dívidas de empréstimos estudantis, ex-mulheres zangadas e "aquele dia em que Eric Trump recebeu uma chupada no banco de trás".

Sentindo-se um pouco melhor? Ah, pare — admita, você esqueceu sua bagagem extraviada por alguns instantes enquanto imaginou o pobre motorista de táxi tendo que evitar olhar para a cara retorcida de prazer de Eric no retrovisor. Isso era tudo de que você precisava — distrair-se com a desgraça alheia. Mas se quiser voltar e mandar a ansiedade praquele lugar, fique à vontade.

216   Calma aí, P*rra!

D

Isso foi útil, mas quero ver o que mais você tem. Vá à página **B. Estou pronto para lidar com isso!** Vá à página **E1**.

Ai-ai, você decidiu entrar em PÂNICO!

Você está hiperventilando tanto que mal pode explicar ao agente no balcão por que é TERRIVELMENTE URGENTE que a Delta recupere sua mala ASSIM QUE POSSÍVEL porque você NUNCA MAIS CONSEGUIRÁ UM NOVO PAR DE ORELHAS CUSTOMIZADAS DO DR. SPOCK ENTREGUES A TEMPO PARA SER O MC DA BATALHA DAS BANDAS DO DIA SEGUINTE: "À PROCURA DO ROCK."

Você está caminhando destemidamente para lugar nenhum com essa merda. Ou como o próprio Spock diria: "Suas emoções ilógicas e insensatas são uma irritação constante." Você tem certeza absoluta de que não quer ver o que acontece no outro lado?

SIM, EU GOSTARIA DE TENTAR MANDAR MINHA ANSIEDADE PARA %#*&, POR FAVOR. Boa escolha. Vá para a página **B**.

Eu me enganei. Por favor, redirecione-me para "P.O.P." Pensando bem, isso parece muito mais prudente do que o curso que segui até agora. Vá até a página **C**.

Foda-se. Já perdi muito tempo. Leve-me diretamente para lidar com o problema. Vá para a página **F1**. (Mas não diga que não avisei…)

Escolha Sua Aventura **217**

Lidando com o problema depois que você se acalmou, porra!

Cara, você está enfrentando esse período de crise muito bem! Você é uma fonte de luz e esperança para nós. Você reconheceu a assustadora Face do Surto e resistiu. Você fez sua frequência cardíaca voltar ao normal e impediu um ataque de pânico total e agora pode focar a resolução (ou pelo menos a redução) de seu problema a tempo de apreciar o resto da viagem. Você esperou pelo Festival Star Trek o ano todo — agora é hora de entrar na *Enterprise* com seus esforços e lidar com essa merda.

AVALIE A SITUAÇÃO:

Você já sabe o que perdeu. Agora, pense onde você está e qual será o grau de dificuldade em adquirir um equipamento substituto no tempo que tem disponível para tanto. Reflita, também, sobre seus outros recursos. Quanta energia você gostaria de gastar correndo em uma cidade desconhecida a noite toda quando é *possível* que suas malas cheguem no primeiro voo para Kansas City amanhã? E qual é a probabilidade de encontrar orelhas do Spock rapidamente? Além disso, se você já usou o limite do seu cartão AMEX com os ingressos do festival, pode não ter dinheiro extra (ou crédito) para substituir todos os eletrônicos desaparecidos de uma só vez. Faça um levantamento dos prejuízos, avalie o potencial de recuperação e então tome algumas decisões sobre a condução do jogo. É o que você tem.

QUAL É SEU RESULTADO IDEAL REALISTA?
ESCOLHA UM.

RIR nº 1: Supondo que suas malas não apareçam por vontade própria, talvez você queira fazer tantas consultas quanto possível, ter uma boa noite de sono e reunir disposição para recomeçar pela manhã. Vá para a página **G1**.

RIR nº 2: Os itens especiais precisam ser substituídos o mais depressa possível; toda a sua viagem perderá o sentido sem eles. Vá para a página **H1**.

E2

Lidando com o problema depois que você se acalmou, porra!

Cara, você está enfrentando esse momento de crise muito bem! Você é uma fonte de luz e esperança para todos nós. Você reconheceu a assustadora Face do Surto e resistiu. Você enxugou suas lágrimas, treinou medidas emergenciais para cuidar de si mesmo e agora pode focar a resolução (ou pelo menos a redução) de seu problema a tempo de apreciar o resto da viagem.

AVALIE A SITUAÇÃO:

Você já sabe o que perdeu. Agora, pense onde você está e qual será o grau de dificuldade em adquirir um equipamento substituto no tempo que tem disponível para tanto. Reflita, também, sobre seus outros recursos. Quanta energia você gostaria de gastar correndo em uma cidade desconhecida a noite toda quando é *possível* que suas malas cheguem no primeiro voo do dia seguinte? (E, se não chegarem, vai precisar de muita energia para lidar com Rashida quando ela descobrir que você perdeu a camiseta personalizada E o presente dela.)

Avalie seus graus de flexibilidade! E suas reservas de dinheiro: se você já usou os limites do seu cartão Amex nas passagens de avião, talvez não tenha dinheiro (ou crédito) suficiente para substituir todos os seus eletrônicos desaparecidos. Verifique o prejuízo, avalie o potencial de recuperação e tome algumas decisões sobre a condução do Jogo. Você tem isso.

220   Calma aí, P*rra!

QUAL É SEU RESULTADO IDEAL REALISTA?
ESCOLHA UM.

RIR nº 1: Supondo que suas malas não apareçam por vontade própria, talvez você queira fazer tantas consultas quantas possível e depois ter uma boa noite de sono e reunir disposição de recomeçar pela manhã. Vá para a página **G2**.

RIR nº 2: Os itens especiais precisam ser substituídos o mais depressa possível; toda a sua viagem perderá o sentido sem eles. Vá para a página **H2**.

E3

Lidando com o problema depois que você se acalmou, porra!

Cara, você está enfrentando esse momento de crise muito bem! Você é uma fonte de luz e esperança para todos nós. Você canalizou sua energia para buscas mais proveitosas e tranquilas e a Síndrome do Aeroporto Mexicano não conseguiu mais um detento. Agora você pode focar a resolução (ou pelo menos a redução) dessa merda a tempo de usufruir o resto da viagem. Embora suponho que "usufruir" possa ser uma palavra muito forte; esta é uma conferência de trabalho e a melhor parte dela será os coquetéis de camarão ilimitados na cerimônia de premiação).

AVALIE A SITUAÇÃO:

Você já sabe o que perdeu. Agora, pense onde você está e qual será o grau de dificuldade em adquirir um equipamento substituto no tempo que tem disponível para tanto. Supondo que você aterrissou em uma cidade conhecida por abrigar convenções que pedem trajes formais, provavelmente não será difícil alugar um smoking, mas reflita, também, sobre seus outros recursos. Quanta energia você quer gastar correndo por uma cidade desconhecida a noite toda, quando é *possível* que suas malas cheguem no primeiro voo do dia seguinte? E se você já usou os limites de seu cartão Amex deste mês, provavelmente não deverá usá-lo para repor todos os seus eletrônicos desaparecidos — a menos que você esteja esperando receber um e-mail mal humorado de Helen, do RH, na segunda-feira. Verifique o prejuízo, avalie o potencial de recupe-

222 Calma aí, P*rra!

ração e tome algumas decisões sobre a condução do Jogo. Você consegue.

QUAL É SEU RESULTADO IDEAL REALISTA?
ESCOLHA UM.

RIR nº 1: Supondo que suas malas não apareçam por vontade própria, talvez você queira fazer tantas consultas quanto possível, ter uma boa noite de sono e reunir disposição de recomeçar pela manhã. Vá para a página **G3**.

RIR nº 2: Os itens especiais precisam ser substituídos o mais depressa possível; toda a sua viagem perderá o sentido sem eles. Vá para a página **H3**.

E4

Lidando com o problema depois que você se acalmou, porra!

Cara, você está enfrentando esse momento de crise muito bem! Você é uma fonte de luz e esperança para todos nós. Você reconheceu a assustadora Face do Surto e resistiu. Você se livrou da capa da fuga e realmente conseguiu algum progresso. Talvez nem tudo esteja perdido (onde "tudo" é igual a sua bagagem). Agora você pode focar a resolução (ou pelo menos a redução) dessa merda a tempo de usufruir o resto da viagem e de dar uma surra no Reverendo Paul, de Pittsburgh e sua equipe, os Holy Rollers.

AVALIE A SITUAÇÃO:

Você já sabe o que perdeu. Agora, pense onde está e qual será o grau de dificuldade em adquirir um equipamento substituto no tempo que tem disponível para tanto. Reflita, também, sobre seus outros recursos. Quanta energia você quer gastar correndo pela cidade procurando um par de KR Strikeforce tamanho 42 Titans em vez de reservá-la para o torneio em si? E, se já usou seu limite do cartão Amex em três noites no Econo Lodge, talvez você não tenha dinheiro (ou crédito) sobrando para substituir todos os seus eletrônicos e sapatos sofisticados de uma vez. Faça um levantamento dos prejuízos, avalie o potencial de recuperação e então tome algumas decisões sobre a condução do jogo. É o que você tem.

224 Calma aí, P*rra!

QUAL É SEU RESULTADO IDEAL REALISTA?
ESCOLHA UM.

RIR nº 1: Supondo que suas malas não apareçam por vontade própria, talvez você queira fazer tantas consultas quanto possível, ter uma boa noite de sono e reunir disposição de recomeçar pela manhã. Vá para a página **G4**.

RIR nº 2: Os itens especiais precisam ser substituídos o mais depressa possível; toda a sua viagem perderá o sentido sem eles. Vá para a página **H4**.

F1

Lidando com o problema quando você ESTÁ SURTANDO, P*RRA (com ANSIEDADE)!

Isso é muito mais difícil do que teria que ser. Você não só começou a entrar em pânico, como seu cérebro está remoendo os piores cenários possíveis como aquela garota ao seu lado no spinning no domingo passado que obviamente estava descarregando a agressividade em relação à vida amorosa na bike. Você não só está sobrecarregado, está PENSANDO DEMAIS — e não adianta argumentar em *klingon*, entre *Star Wars* e *Star Trek*, esse castigo escolheu *star* contigo. Olhe, foi um trocadilho infame, mas você pediu.

HORA DE AVALIAR:

Ah, merda. Não dá para pensar nisso com clareza, dá? Na verdade, você acrescentou alguns itens novos ao Registro do Capitão desde que descobriu que suas malas não se uniriam a você em Kansas City para o Festival de Star Trek. Primeiro, você postou seus infortúnios para todo o grupo Slack e agora Cory, de Indianápolis, está querendo tirar seu posto de mestre de cerimônias das festividades de amanhã e, segundo, por causa disso a bateria de seu celular descarregou e a falta dos carregadores agora é tão crítica quanto a falta dos protetores de ouvido de silicone.

QUAL É SEU RESULTADO IDEAL REALISTA?

Antes de surtar, teria sido ligar para o único amigo que tem as orelhas do tamanho certo e *não* está usando-as nessa convenção e lhe implorar para levantar e ir até a FedEx mais próxima para

226   Calma aí, P*rra!

enviá-las para você durante a noite. (Prometendo seu Tribble primogênito em sinal de agradecimento, é claro.) Mas agora que você desperdiçou muitos FSs de tempo, Gordon está profundamente adormecido e, realisticamente, o melhor que você pode esperar é comprar um cabo novo, carregar seu celular durante a noite e amanhã procurar massa de modelar e supercola em Kansas City e criar as próprias orelhas.

Vá à página **I**.

F2

Lidando com o problema quando você estiver SURTANDO (TRISTE).

Isso é muito mais difícil do que deveria ser. Você ficou esgotada com todo esse choro, sua maquiagem está um *desastre* e você está sem sua nécessaire. Mesmo que estivesse a fim de sair hoje a noite, você se parece com Robert Smith depois de uma partida de tênis debaixo do sol quente. E, é claro, isso é motivo para se afundar ainda mais. Por que essa merda sempre acontece com VOCÊ? Como Brenda e Tracy nunca perdem a bagagem DELAS???

Para piorar a situação, a bateria do seu celular descarregou enquanto você estava postando uma enxurrada de memes vagos e tristes com intenção de despertar preocupação em seus amigos do Facebook e agora você nem pode saber quem fez algum comentário. Deus, isso é muto deprimente.

HORA DE AVALIAR:

Aai. Você *nunca* poderá substituir o presente de aniversário INCRÍVEL que conseguiu para Rashida em tão pouco tempo. (O Je Joue Mio era para ela, claro.) Neste ponto, você só quer deitar na cama e dormir até esse fim de semana maldito passar. Exceto — *ah, nãããããooo* — você acaba de lembrar que está em South Beach e seu pijaminha preferido está perdido em algum lugar sobre o Triângulo das Bermudas.

QUAL É SEU RESULTADO IDEAL REALISTA?

Antes de surtar, teria sido conseguir recuperar a mala a qualquer custo; ou pelo menos extrair uma passagem gratuita da South-

228 Calma aí, P*rra!

west — e, fora isso, vá às compras! Mas agora que você perdeu tantos fundos de surto fungando, bufando e atualizando o status nas redes sociais, o melhor a fazer é ligar avisando que está deprimida e não vai participar dos drinques de boas vindas e esperar que uma das garotas possa lhe emprestar um traje para amanhã. *Se* é que você vai estar a fim de sair da cama.

Vá para a página **N**.

F3

Lidando com o problema quando você estiver SURTANDO (ZANGADO).

Grande-e-maldita-*merda*. Acontece que comentários idiotas e gestos grosseiros não conquistam amigos tampouco influenciam pessoas na segurança do aeroporto. Felizmente, você não foi preso, mas sua pressão arterial está subindo, sua mente está a mil e você e-s-t-á-p-e-r-t-i-n-h-o de conseguir um inimigo para a vida toda no Serviço de Atendimento ao Cliente da United.

Além do mais, você comeu um Big Mac com raiva e espalhou mostarda amarela na única camisa que possui no momento. Boa jogada, Mr. Hyde.

HORA DE AVALIAR:

Toda a situação ficou mais complicada quando você decidiu ceder à raiva. Agora você tem que lidar com uma merda em pouco tempo, precisa controlar os danos naquele vídeo do YouTube, acrescentar outra camisa social à lista de compras, ALÉM de quase não estar enxergando, de tanta agitação. (Você também pode querer pensar em como vai explicar o vídeo para Helen do RH quando a vir no jantar da premiação no dia seguinte. São 300 mil visualizações, e só aumentam.)

QUAL É SEU RESULTADO IDEAL REALISTA?

Antes de desperdiçar todo esse tempo, energia, dinheiro e boa vontade manchando sua camisa e sua reputação, seu RIR teria sido ir ao hotel, conectar o Business Center, tentar descobrir alguma coisa sobre os itens que precisa repor e baixar algum filme do

230   Calma aí, P*rra!

Will Ferrel no Pay-Per-View. Contudo, realisticamente, o melhor que você pode esperar agora é não ser despedido por conduta imprópria com um gerente de vendas e (se ainda for convidado para o jantar) alugar um smoking que não cheire a naftalina.

Vá para a página **S**.

F4

Lidando com o problema quando você estiver SURTANDO (pela FUGA).

Receio que o resultado final de sucumbir ao Modo Avestruz é que você NUNCA VAI LIDAR COM ESSA MERDA. Sinto muito, *game over*. Mais sorte na próxima.

Entretanto, se decidir mudar de ideia e ouvir meus conselhos para se calmar, porra, *antes* de tentar lidar com a merda, recomendo ir até a página **W** ou a **X**.

Também recomendo reler este livro, do início ao fim, porque — e digo isso com amor — não acho que você prestou atenção da primeira vez.

Para escolher uma aventura diferente, volte à página **213**.

Ou, vá direto para o Epílogo, na **269**.

G1

RIR nº 1: Supondo que suas malas não apareçam por vontade própria, talvez você queira fazer tantas consultas quanto possível, ter uma boa noite de sono e reunir disposição de recomeçar pela manhã.

TRIAGEM E SOLUÇÃO:

O elemento mais urgente é chegar a um ser humano da companhia aérea — de preferência na cidade de partida e chegada — para apresentar sua reclamação e perguntar se há outros seres humanos que possam procurar sua bagagem e descobrir um meio de fazê-la chegar até você. Seria muito melhor reencontrar suas orelhas de dr. Spock personalizadas do que esquadrinhar toda a Kansas City em busca de um novo par.

Se a bateria de seu celular estiver fraca, coloque "comprar um novo carregador" na fila. Se você ainda estiver no aeroporto, isso será fácil. Se você não conseguiu se acalmar, porra, até sair dali, tudo bem — é só pedir ao motorista do táxi para passar na Target ou similar mais próxima e pagá-lo para esperar 15 minutos enquanto você desempenha a versão de uma-só-pessoa do *Supermarket Sweep* [programa de TV com perguntas e respostas, e corrida cronometrada para adquirir produtos] agarrando os itens essenciais das prateleiras.

Se estiver dirigindo um carro alugado ou foi apanhado por um amigo, esse passo é ainda mais fácil. Você terá um pouco mais de tempo e pode repor alguns outros itens perdidos — até onde

Escolha Sua Aventura **233**

sua energia e dinheiro do FS permitirem. Além do mais, o hotel provavelmente tem artigos de toalete de cortesia; use seu tempo/energia/dinheiro para comprar o que só está disponível na loja.

E se a única loja próxima for um 7-Eleven em um posto de gasolina, dê uma olhada — o adolescente no caixa quase certamente está carregando seu celular atrás do balcão e pode estar disposto a vender o carregador por um preço especial (a mais). (Se eles venderem barras de Snickers, compre uma. Você vai precisar.)

E AÍ ESTÁ VOCÊ!

A merda aconteceu, mas você se acalmou, porra, avaliou a situação, determinou seu resultado ideal realista e fez uma triagem dos elementos — e, assim, colocou-se em uma posição favorável no cenário horrível da perda da mala. Vencer, vencer, agora UM churrasco do Kansas vamos comer!

Para escolher uma aventura diferente, volte para a página **213**.

Ou, vá direto para o Epílogo, na **269**.

G2

RIR nº 1: Supondo que suas malas não apareçam por vontade própria, talvez você queira fazer tantas consultas quanto possível, ter uma boa noite de sono e reunir disposição de recomeçar pela manhã.

TRIAGEM E SOLUÇÃO:

O elemento mais urgente é chegar a um ser humano da companhia aérea — de preferência na cidade de partida e chegada — para apresentar sua reclamação e perguntar se há outros seres humanos que possam procurar sua bagagem e descobrir um meio de fazê-la chegar até você. A vida vai ser MUITO mais fácil se Rashida nunca descobrir como você esteve perto de arruinar a oportunidade de ela tirar aquela foto especial.

Se a bateria de seu celular estiver fraca, coloque "comprar um novo carregador" na fila. Se você ainda estiver no aeroporto, isso será fácil. Se você não conseguiu se acalmar, porra até sair dali, tudo bem — é só pedir ao motorista do táxi para passar na Target ou similar mais próxima e pagá-lo para esperar 15 minutos enquanto você desempenha a versão de uma-só-pessoa do *Supermarket Sweep* [programa de TV com perguntas e respostas, e corrida cronometrada para adquirir produtos] agarrando os itens essenciais das prateleiras.

Se você estiver dirigindo um carro alugado ou foi apanhado por um amigo, esse passo é ainda mais fácil. Você terá um pouco mais de tempo e pode repor alguns outros itens perdidos tam-

Escolha Sua Aventura **235**

bém — até onde sua energia e dinheiro do FS permitirem Além do mais, o hotel provavelmente tem artigos de toalete de cortesia; use seu tempo/energia/dinheiro para comprar o que só está disponível na loja.

E se a única loja próxima for um 7-Eleven em um posto de gasolina, dê uma olhada — o adolescente no caixa quase certamente está carregando seu celular atrás do balcão e pode estar disposto a vender seu carregador por um preço especial (a mais). (Se eles venderem barras de Snickers, compre uma. Você vai precisar.)

E AÍ ESTÁ VOCÊ!

A merda aconteceu, mas você se acalmou, porra, avaliou a situação, determinou seu resultado ideal realista e fez uma triagem dos elementos — e, assim, colocou-se em um cenário favorável no cenário horrível da perda da mala. Vencer, vencer, agora comer e uma Cuba Libre beber!

Para escolher uma aventura diferente, volte para a página **213**.

Ou vá direto para o Epílogo, na **269**.

RIR nº 1: Supondo que suas malas não apareçam por vontade própria, talvez você queira fazer tantas consultas quanto possível, ter uma boa noite de sono e reunir disposição de recomeçar pela manhã.

TRIAGEM E SOLUÇÃO:

O elemento mais urgente é chegar a um ser humano da companhia aérea — de preferência na cidade de partida e chegada — para apresentar sua reclamação e perguntar se há outros seres humanos que possam procurar sua bagagem e fazê-la chegar até você.

Se a bateria de seu celular estiver fraca, coloque "comprar um novo carregador" na fila. Se você ainda estiver no aeroporto, isso será fácil. Se não conseguiu se acalmar, porra, até sair dali, tudo bem — é só pedir ao motorista do táxi para passar na Target ou similar mais próxima e pagá-lo pra esperar 15 minutos enquanto você desempenha a versão de uma-só-pessoa do *Supermarket Sweep* [programa de TV com perguntas e respostas, e corrida cronometrada para adquirir produtos] agarrando os itens essenciais das prateleiras.

(PSA: Não se esqueça das cuecas — se você tiver que usar um smoking alugado, não tem ideia que virilha foi esfregada dentro dessa coisa.)

Se estiver dirigindo um carro alugado ou foi apanhado por um amigo, esse passo é ainda mais fácil. Você terá um pouco mais de tempo e pode repor alguns outros itens perdidos também — até onde sua energia e dinheiro do FS permitirem. Além do mais, o hotel provavelmente tem artigos de toalete de cortesia; use seu tempo/energia/dinheiro para comprar o que só está disponível na loja.

Finalmente, use o celular carregado para ligar para sua mulher e perguntar o tamanho de seu paletó, porque você certamente não sabe.

E AÍ ESTÁ VOCÊ!

A merda aconteceu, mas você se acalmou, porra, avaliou a situação, determinou seu resultado ideal realista e fez uma triagem dos elementos — e, assim, colocou-se em uma posição favorável no cenário horrível da perda da mala. Vencer, vencer, no quarto do hotel comer!

Para escolher uma aventura diferente, volte para a página **213**.

Ou vá direto para o Epílogo, na **269**.

G4

RIR nº 1: Supondo que suas malas não apareçam por vontade própria, talvez você queira fazer tantas consultas quanto possível, ter uma boa noite de sono e reunir disposição de recomeçar pela manhã.

TRIAGEM E SOLUÇÃO:

O elemento mais urgente é chegar a um ser humano da companhia aérea — de preferência na cidade de partida e chegada — para apresentar sua reclamação e perguntar se há outros seres humanos que possam procurar sua bagagem e fazê-la chegar até você.

Se a bateria de seu celular estiver fraca, coloque "comprar um novo carregador" na fila. Se ainda estiver no aeroporto, isso será fácil. Se você não conseguiu se acalmar, porra, até sair dali, tudo bem — é só pedir ao motorista do táxi para passar na Target ou similar mais próxima e pagá-lo para esperar 15 minutos enquanto você desempenha a versão de uma-só-pessoa do *Supermarket Sweep* [programa de TV com perguntas e respostas e corrida cronometrada para adquirir produtos] agarrando os itens essenciais das prateleiras.

Se você estiver dirigindo um carro alugado ou foi apanhado por um amigo, esse passo é ainda mais fácil. Você terá um pouco mais de tempo e pode repor alguns outros itens perdidos também — até onde sua energia e dinheiro do FS permitirem. Não conte com artigos de higiene de cortesia na Econo Lodge, portanto não se esqueça da pasta de dentes e do desodorante.

Escolha Sua Aventura **239**

E, mesmo sendo uma área rural, se esta cidade está sediando os jogos Regionais do Nordeste, provavelmente tem uma loja decente de artigos de boliche. Entre no Google e faça sua compra logo pela manhã. (E certifique-se de comprar meias limpas na Americanas; você não precisa acrescentar um pé de atleta às merdas a resolver.)

E AÍ ESTÁ VOCÊ!

A merda aconteceu, mas você se acalmou, porra, avaliou a situação, determinou seu resultado ideal realista e fez uma triagem dos elementos — e, assim, colocou-se em uma posição favorável no cenário horrível da perda da mala. Vencer, vencer, um sanduíche de filé com queijo comer!

Para escolher uma aventura diferente, volte para a página **213**.

Ou vá direto para o Epílogo, na **269**.

H1

RIR nº 2: Os itens especiais precisam ser substituídos o mais depressa possível; toda a sua viagem perderá o sentido sem eles.

TRIAGEM E SOLUÇÃO:

Você não acredita que a companhia aérea resolverá isso a tempo; então, em vez de desperdiçar horas preciosas (e vida de bateria) ligando para o Atendimento ao Cliente, faça uma lista dos itens mais urgentes e substituíveis de sua mala e um plano para adquiri-los.

Por exemplo:

Primeiro, carregador — Boa sorte em se virar sem o app oficial da convenção. Você vai ficar vagando pelo Bartle Hall como um dos neutrinos de Wesley Crusher (personagem de *Star Trek*).

Orelhas do Spock — Sua melhor chance provavelmente é saltar no canal Slack do Festival Star Trek e perguntar se alguém trouxe um par sobressalente (para o que você ainda precisa estar conectado à internet, daí, um celular/notebook carregado).

Bom Ar — Felizmente, você usou seus azuis da Federação no avião, mas eles bem que poderiam ser desodorizados antes de serem usados de novo amanhã.

Escolha Sua Aventura **241**

Uma pena, seu pijama preferido e o retrato do gato, mas você pode dormir nu e, agora que o telefone está carregado, você pode contatar a cat-sitter no FaceTime e dizer oi para o Presidente Miau quando acordar amanhã. Mas puxe os lençóis até o pescoço. Presidente não precisa ver tudo isso.

PARABÉNS!

A merda aconteceu, mas você se acalmou, porra, avaliou a situação, determinou seu resultado ideal realista e fez uma triagem dos elementos — e, assim, colocou-se em uma posição favorável no cenário horrível da perda da mala. Vida longa e próspera para você.

Para escolher uma aventura diferente, volte à pagina **213**.

Ou vá direto para o Epílogo, na **269**.

---

242   Calma aí, P*rra!

RIR nº 2: Os itens especiais precisam ser substituídos o mais depressa possível; toda a sua viagem perderá o sentido sem eles.

TRIAGEM E SOLUÇÃO:

Você não acredita que a companhia aérea resolverá isso a tempo, então, em vez de desperdiçar horas preciosas (e vida de bateria) ligando para o Atendimento ao Cliente, você deve fazer uma lista dos itens mais urgentes e substituíveis de sua mala e um plano para adquiri-los. Por exemplo:

Carregadores primeiro — Todo esse desastre *existe* basicamente para ser relatado nos stories do Instagram.

O presente de aniversário de Rashida — Você já tem o problema de ter perdido a camiseta da festa; eles vão pensar que você inventou toda a história "da bagagem perdida" só para não usá-la — se bem que, pensando bem... Bom, seja como for, você NÃO PODE aparecer de mãos vazias. A propósito, o Je Foue Mio era para ela, portanto não há mais motivo para colocar o smartphone em funcionamento — você precisa encontrar o sex shop mais próximo *e* arrumar um transporte para chegar lá.

Próxima parada: shopping center — No mínimo, você precisa de um vestido de festa e um par de sapatos; as botas que usou no avião não servem. Dependendo do quanto isso e o presente substituto custarem, você pode tentar comprar um biquíni barato e um vestidinho de verão para usar no fim de semana. Você vai encontrar artigos de higiene no hotel, mas não se esqueça do protetor solar. Cuidar da pele é importante.

Sinto muito pelos seus pijamas; aquela camiseta de 24 anos de idade foi o relacionamento mais longo e fiel que você teve. Ah, bom, com o novo vestido e um ajuste na atitude, talvez você conheça outro alguém com 24 anos neste fim de semana que possa fazê-la esquecer-se dela.

PARABÉNS!

A merda aconteceu, mas você se acalmou, porra, avaliou a situação, determinou seu resultado ideal realista e fez uma triagem dos elementos — e, assim, colocou-se em um cenário favorável no cenário horrível da perda da mala. Margaritas para mim!

Para escolher uma aventura diferente, volte para a página **213**.

Ou vá direto para o Epílogo, na **269**.

RIR nº 2: Os itens especiais precisam ser substituídos o mais depressa possível; toda a sua viagem perderá o sentido sem eles.

TRIAGEM E SOLUÇÃO:

Você não acredita que a companhia aérea resolva isso a tempo, então, em vez de desperdiçar horas preciosas (e vida de bateria) ligando para o Atendimento ao Cliente, você deve fazer uma lista dos itens mais urgentes e substituíveis de sua mala e um plano para adquiri-los. Por exemplo:

Carregadores primeiro — Não é só o celular; o cabo do notebook também estava naquela mala e se você não se mexer e correr logo, o seu chefe vai reservar uma surpresa para você ao fim dessa viagem profissional.

Item especial nº 1 — Se não encontrar um substituto para aquela estátua feia de lucite, para o que vai ficar olhando na mesa de Helen durante sua entrevista de demissão terrivelmente constrangedora?

Item especial nº 2 — Supondo que consiga o prêmio, você terá que levá-lo ao jantar a rigor no Salão de Baile A, para o que vai precisar de um smoking e todos os acessórios.

Infelizmente, a incrível gravata-borboleta com copos de martini e as abotoaduras verde-oliva desapareceram em Combate, então você terá que se virar com simples itens alugados. Pelo lado positivo, assim será mais fácil se misturar à multidão enquanto você afoga suas mágoas de malas perdidas em coquetéis de camarão ilimitados.

PARABÉNS!

A merda aconteceu, mas você se acalmou, porra, avaliou a situação, determinou seu resultado ideal realista e fez uma triagem dos elementos — e, assim, colocou-se em uma posição favorável no cenário horrível da perda da mala. Helen, do RH, ficaria orgulhosa.

Para escolher uma aventura diferente, volte à página **213**.

Ou vá direto para o Epílogo, na **269**.

RIR n° 2: Os itens especiais precisam ser substituídos o mais depressa possível; toda a sua viagem perderá o sentido sem eles.

TRIAGEM E SOLUÇÃO:

Você não acredita que a companhia aérea resolva isso a tempo, então, em vez de desperdiçar horas preciosas (e vida de bateria) ligando para o Atendimento ao Cliente, você deve fazer uma lista dos itens mais urgentes e substituíveis de sua mala e um plano para adquiri-los.

Por exemplo:

Carregadores primeiro — Você vai se sentir ainda mais desamparado tentando viajar na área rural de Pensilvânia sem o Google Maps.

Sapatos de boliche — É improvável que você encontre outro par tão companheiro e que lhe traga tanta sorte como os que colocou na mala, mas é contra as regras jogar boliche descalço e você não vai deixar seu destino de Campeão dos Strikes ser determinado por um par de sapatos de aluguel.

O mascote do time — "Strike", a cobra cascavel empalhada os acompanham em todos os torneios e era suas vez de levá-la. (Pensando bem, será possível que sua mala tenha sido confiscada pelas autoridades do aeroporto exatamente por isso?) Para falar a verdade, é improvável que você resolva esse

Escolha Sua Aventura **247**

problema — mas pelo menos você não precisa mais fingir que nunca aconteceu. Strike merece mais do que isso.

Você ainda está sem seu pijama preferido, mas se você vencer neste fim de semana, o dinheiro do prêmio será mais que suficiente para pagar uma roupa de dormir inspirada em Dude [Personagem de O Grande Lebowsky].

PARABÉNS!

A merda aconteceu, mas você se acalmou, porra, avaliou a situação, determinou seu resultado ideal realista e fez uma triagem dos elementos — e, assim, colocou-se em uma posição favorável no cenário horrível da perda da mala. Não é bom ser paciente?

> Para escolher uma aventura diferente, volte à página **213**.
>
> Ou vá direto para o Epílogo, na **269**.

RIR nº 3: Massa de modelar e supercola.

Nem desespero, nem polímeros de silicone ficam bem em qualquer pessoa. Pode ser hora de admitir a derrota, ceder sua função de mestre de cerimônias para Cory, de Indianápolis, e focar seus reduzidos fundos de surto para ter uma boa noite de sono. Pelo menos, você vai querer estar descansado para a dança com efeitos holográficos no domingo.

Ah, se decidir seguir meu conselho e acalmar-se, porra, antes de tentar lidar com uma merda na próxima vez, fique à vontade para voltar à página **B** ou **C**.

Como um sábio vulcano disse certa vez, a mudança é um processo essencial de toda a existência.

Para escolher uma aventura diferente, volte à página **213**.

Ou vá direto para o Epílogo, na **269**.

Escolha Sua Aventura   **249**

J

Você escolheu 😢 **TRISTEZA**

Eu sei, isso é um verdadeiro choque — principalmente se acabou de passar duas horas assistindo a *Uma Jornada para Casa* no avião. As pessoas podem pensar que você está soluçando na área de coleta de bagagem por causa da cena final, mas realmente é porque você reage com lágrimas quando a merdas acontecem. É bom. Todos temos nossas manias; algumas delas apenas fazem o nariz escorrer mais que outras.

Então, o que exatamente havia em sua mala, cuja perda provocou esse aguaceiro? Entre outras coisas, vai ser difícil substituir a camiseta "FUI AO ANIVERSÁRIO DE 40 ANOS DE RASHIDA E TUDO QUE CONSEGUI FOI UMA PRÉ-MENOPAUSA". E seu pijama preferido? Estou sentindo outra crise de soluços se aproximando. E sou totalmente a favor de trocar uma ideia com os filhotes emocionais, mas se você tem alguma esperança de salvar essa viagem (e, talvez, voltar a se reunir com sua Samsonite), agora você precisa prendê-los e se acalmar, porra.

Ma-ma-ma-mas como?

Precisamos dar um boot na sua disposição. Escolha uma das técnicas de autocuidado da página 213 e veja para onde ela o leva.

Rir é o melhor remédio. Vá para a página **K**.

Você merece um presente. Vá para a página **L**.

Não, só vou chafurdar. Faça como quiser. Vá para a página **M**.

250   Calma aí, P*rra!

K

Você escolheu "rir é o melhor remédio".

Olhando bem, não há nada engraçado na enrascada em que se meteu — e longe de mim brincar com sua situação para tentar animá-lo —, mas... não pode ser um *tiquinho* divertido pensar na expressão do regulador de seguros que terá que procurar no Google o significado de "Je Joue Mio" para aprovar sua solicitação?

Quando você se deu conta de que a esteira de bagagens estava vazia, sua mente voltou imediatamente para aquela camiseta de Hard Rock Daytona Beach XXL na qual tem dormido desde 1994. Você ficou meio sufocado, com certeza, mas sugiro ir um pouco mais fundo e relembrar a história *dessa* camiseta, ISSO pode levar um sorriso ao seu rosto.

Agora, respire fundo. Conecte-se ao Wi-Fi do aeroporto. Vá para o YouTube e procure o seguinte:

"Hey cat. Hey."

"Alan, Alan, Alan."

"Dogs: 1 Nash: 0"

(Se nenhum deles ajudá-lo, desisto. Você morreu por dentro.)

Tudo bem, sentindo-se um pouquinho melhor? Pelo menos, parou de chorar? Bom. Passos de formiguinha. Agora, você quer tentar outro mecanismo de enfrentamento para acalmar-se ainda mais — ou só ir direto lidar com o problema?

Provavelmente não faria mal ficar ainda mais calmo. Vá para a página **E2**.

Escolha Sua Aventura   **251**

L

Você escolheu "você merece um presente".

Este é um dos meus favoritos. Não sei o que acontece com o estresse e a tristeza que me faz mergulhar no processo de superar limites emocionais, comer, beber e comprar, mas aí está, fãs do esporte — se eu sair do aeroporto sem minha mala, TAMBÉM vou sair com três roscas de canela, um copo de shot e a última *Caras*.

Além do mais, há lugares piores para ficar durante uma hora enquanto o funcionário da Southwest "faz outra vistoria" do que um bar/restaurante no aeroporto que serve álcool, sobremesas, e sobremesas com álcool. Um brownie sundae regado a Baileys nunca fez mal a ninguém. Se você é abstêmio, ou se petiscos temperados fazem mais seu estilo, afirmo com propriedade que um aeroporto tem mais combos de pretzels sabor cheddar do que você é capaz de comer. Sinto cheiro de desafio no ar!

Pense no assunto assim: se sua mala não se materializar, você será a mulher destoante na festa de Rashida. Porém, tem a desculpa de comprar um traje substituto sensual, e, enquanto todos estiverem usando suas camisetas de PRÉ-MENOPAUSA, você será — como Robin Thicke afirma — "a mina mais sexy do lugar".

Já está sorrindo? Espero que sim. Mas se quer mais autocuidado, de onde este veio tem mais — ou você pode ir direto lidar com o problema. A escolha é sua.

Estou me sentindo melhor, mas ainda gostaria de dar algumas risadas. Vá para a página **K**.

Estou pronto para lidar com isso! Vá para a página **E2**.

252   Calma aí, P*rra!

M

Você decidiu CHAFURDAR...

Você ouviu isso? Acho que foi o som de um trombone triste. Isso não parece um bom prenúncio para suas férias.

Você se arrastou até a fila do táxi, subiu para seu quarto de hotel pensando "oh, vida; oh, azar" e está pensando em pular as bebidas de boas vindas de Rashida para se sentar em sua cama e chorar por cima do frigobar, esperando pela ligação da Southwest. Agora mesmo, você está mais concentrada em sentir pena de si mesma do que se divertir com as garotas no fim de semana pelo qual você pagou um bom dinheiro (isso sem mencionar as bebidas). Eu lhe diria para reagir, mas você já selou seu destino quando chegou a esta página.

Podemos concordar que isso não é jeito de viver? Você tem *certeza* de que não gostaria de ver o que aconteceria do Outro Lado?

Sei quando fui derrotado. Me dê um pouco dessa merda de "rir é o melhor remédio". Tem que ser melhor que isso. Palavra. Vá para a página **K**.

Sim, eu gostaria de experimentar esses presentes. Você não vai se arrepender. Vá para a página **L**.

Não, eu sou um mártir dessa causa. É hora de lidar com ela. Vá para a página **F2**.

Escolha Sua Aventura **253**

N

RIR n° 3: Avise que está deprimida para bebidas de boas vindas e deseje que uma das garotas possa lhe emprestar uma roupa para amanhã.

Bem, isso é muito triste. Se você deixar que uma bagagem extraviada leve você para o fundo do poço, acho que nem teve alguma chance de lutar. Se algum dia você se cansar de ser levada às lágrimas com tanta facilidade e desejar, em vez disso, acalmar-se, porra, antes de tentar lidar com a merda — e então, sabe, realmente lidar com ela — humildemente sugiro que vá até a página K ou L.

Ou — e esta é uma ideia nova! — você pode apenas querer reler todo o livro. Um pequeno curso de reciclagem não faz mal a ninguém.

Para escolher uma aventura diferente, volte à página **213**.

Ou vá direto para o Epílogo, na **269**.

Você escolheu  RAIVA

Vamos devagar aí, Hulk Hogan. Sei que você está aborrecido, mas jogar o carrinho (vazio) de bagagens contra a parede não vai fazer com que ganhe pontos com a segurança do aeroporto.

O que exatamente havia em sua mala que justifique a cena que está prestes a causar no balcão de atendimento da United? Você vai mesmo perder a linha por causa de um smoking para uma cerimônia de premiação da empresa? Ah, ou é porque você é o responsável por levar Helen, do prêmio de conjunto da obra em RH, para uma reunião anual de acionistas e agora você precisa substituir uma feia estátua de lucite até as 17h de quinta-feira?

Entendi. Isso é bobagem. Você foi literalmente o primeiro no portão para esse voo — que droga eles fizeram para perder a sua *e só a sua* mala? Eu não sei. Mas sei de uma coisa: você precisa se acalmar, porra.

Ah, é? E como raios vou fazer isso?

Bem, você tem algumas opções, todas descritas na página 213 deste mesmo livro. Escolha uma.

Exercite-se. Vá para a página **P**. (E, talvez, faça alguns alongamentos.)

Planeje sua vingança. Vá para a página **Q**.

Na verdade, andei procurando por uma desculpa para socar a parede. Fique à vontade. Vá para a página **R**.

P

Você decidiu resolver a situação malhando!

Boa escolha. E, embora o Terminal B em La Guardia provavelmente não seja o local *mais* oportuno para fazer uma estrelinha nu, existem vários corredores intermináveis nos quais você pode saltar, girar, ou pular até se acalmar, porra.

Ou você pode tentar andar na direção contrária em uma das esteiras rolantes. Talvez você receba alguns olhares enviesados dos demais viajantes, mas, nesse ponto, eles têm sorte por não verem uma reação pior de sua parte. Além do esforço físico, essa atividade exige foco e coordenação — duas outras coisas que servem mais para se acalmar do que se forem dirigidas de seu punho à cara de um representante dos Estados Unidos totalmente inocente, mas azarado o bastante para estar de serviço nessa noite.

Agora, com a carga que resta no seu celular (eu nunca vou entender por que você não leva os carregadores na bolsa, mas falaremos disso mais tarde), posso sugerir encontrar o banheiro mais próximo, trancar-se em um deles e completar o app de meditação de dez minutos antes que você continue a sua noite?

Você está chegando lá. As secreções da ira saíram de seu corpo pela transpiração ou respiração profunda, e, levando tudo em consideração, você está muito calmo. Você também quer planejar uma vingança, ou pretende ir direto solucionar o problema?

Aah, planejar a vingança parece divertido. Com certeza. Vá para a página **Q**.

Não, estou pronto para arrancar o Band-Aid. Vamos em frente! Vá para a página **E3**.

Q

Você decidiu planejar a sua vingança.

Excelente. <faz os dedinhos do Dr. Evil> [personagem de *Austin Powers*].

Você ainda está bastante e verdadeiramente puto, mas reconhece que pular no pescoço de alguém — diretamente, pelo menos — provavelmente não vai adiantar e pode até impedir seu objetivo de conseguir suas coisas de volta e/ou sair desse aeroporto *sem* algemas. Então, assim que você conseguir sair de LGA sem uma acusação de agressão, de que forma pode realizar sua vingança? (Hipoteticamente, é claro.) Você não pode ter certeza de onde perdeu a mala, mas isso não importa em uma situação hipotética. Digamos que tenha sido o cara no check-in, cujo congelamento do cérebro o fez enviar suas coisas para Newark, em vez de para Nova York. Você poderia:

Descobrir seu endereço e fazer uma assinatura vitalícia de *Girls and Corpses* [*Garotas e Cadáveres*, revista de comédia de terror].*

Ou

Mandar uma réplica exata de sua mala para a casa dele, mas em vez de suas coisas, enchê-la de glitter. E uma turbina eólica com controle remoto.

Não foi divertido? Agora é hora de conversar com calma com o agente do portão, passar-lhe suas informações no caso de loca-

---

* http://www.girlsandcorpses.com/ [conteúdo em inglês].

Escolha Sua Aventura   **257**

lizarem e entregarem suas coisas a tempo de servirem para alguma coisa e ir até a fila do táxi.

A menos que você queira tentar "Resolver a coisa" também — para o caso de ser ainda melhor para você? Ou devemos ir direto lidar com o problema?

Para falar a verdade, ainda estou meio chateado. Vamos tentar dar um jeito. Vá para a página **P**.

Estou pronto para lidar com o problema! Vá para a página **E3**

R

Ai, ai. Você decidiu PIORAR O PROBLEMA.

Embora você tenha escapado (por pouco) de ser jogado em uma cela no aeroporto, você certamente se comportou para se tornar um membro do Prêmio de Platina. Você choramingou, resmungou, disse, "Você só pode estar brincando" umas 15 vezes — cada vez mais alto que a anterior — e então você exigiu falar com o supervisor. Um pedido para levar a sua queixa para um nível superior na hierarquia não é uma ideia tão ruim assim, mas você (até dói digitar isto), você precedeu o pedido com as palavras "Em que céus amigáveis terei que voar para encontrar alguém que saiba o que estão fazendo aqui, Caroline?" e fez, ahn, um *gesto muito rude* para a agente do portão.

Além disso, a criança de nove anos do outro lado estava filmando. Você vai viralizar em — ah espere, já viralizou. Seu chefe, sua mulher e seus próprio filho de nove anos vão ver exatamente o que andou fazendo desde que aterrissou. E Caroline? Ela vai "localizar" sua mala perdida na sala do lixo atrás da praça de alimentação MexiJoes's. Boa sorte ao tirar o cheiro de cominho do seu smoking.

Tem certeza que não quer ver o que acontece do Outro Lado?

SIM, PROVAVELMENTE EU DEVERIA TENTAR "RESOLVER A QUESTÃO". Vá para a página **P**.

Planejar minha vingança educada e silenciosamente é um uso melhor para meu tempo e energia. Agora entendo isso. Vá para a página **Q**.

Foda-se. Leve-me para lidar com o problema. Tudo certo então. Vá para a página**F3**.

Escolha Sua Aventura   **259**

Tente não ser despedido nem cheirar a naftalina.

TRIAGEM E SOLUÇÃO:

Lembra quando a vida era mais simples e você não colocava seu emprego e reputação em risco por descarregar suas frustrações em uma agente de portão perfeitamente bacana chamada Caroline que só estava seguindo o protocolo da Bagagem Perdida/Cliente Zangado? Bons tempos aqueles.

E mais: acabo de ver o vídeo no YouTube. Não parece nada bom pra você, amigo. Talvez você queira poupar seus centavos no aluguel daquele smoking — você vai precisar deles para reforçar seu seguro-desemprego.

Na próxima vez, se você decidir que quer seguir meu conselho e se acalmar, porra, antes de tentar lidar com a merda, experimente a página P ou Q. (Ou talvez, apenas volte ao início do livro e recomece. É, talvez você deva fazer isso.)

Para escolher uma aventura diferente, volte para a página **213**.

Ou vá direto para o Epílogo, na **269**.

Você escolheu  FUGA (ou Modo Avestruz)

Tentador. Muito tentador. Se você fechar os olhos e fingir que não está acontecendo, talvez ele se resolva por conta própria como NUNCA acontece com esse tipo de coisas. Por isso você decidiu que a sua melhor defesa é não fazer nada e esse é o problemão do qual você está querendo fugir. Ok.

Sei que já parou de ouvir, mas podemos falar um minutinho sobre o teor da mala? Os carregadores e cabos, o mascote do time e seus sapatos de boliche da sorte para o Campeonato da Liga Regional do Nordeste não se substituirão sozinhos, e fugir também não vai resolver o Mistério da Mala Perdida, tampouco ajudá-lo a defender sua posição de líder da liga com cinco strikes seguidos conquistada nas semifinais do ano passado.

Você precisa se acalmar, porra.

EU ME RECUSO A ME ENVOLVER COM ESSA MERDA. ISSO CONTA COMO SE ACALMAR?

Já falamos disso. A fuga é uma forma de surto, e você *terá* que lidar com tudo em algum momento. Por ora, ao menos escolha um mecanismo de enfrentamento e veja para onde ele o leva.

Fique alarmado. Vá para a página **U**.

Proponha uma troca. Vá para a página **V**.

Eu vou estar aqui com a cabeça na areia. Ótimo. Que seja assim. Vá para a página **W**.

Escolha Sua Aventura **261**

Você decidiu "ficar alarmado".

Seu primeiro instinto foi tratar esse desastre como o establishment republicano tratou Donald Trump nas primárias de 2016 — simplesmente ignorá-lo e desejar que fosse embora. E todos sabemos o que aconteceu. OBRIGADA, PESSOAL. Em vez disso, você precisa *agir*. Mesmo que seja apenas um pequeno passo à frente, é melhor do que ficar olhando enquanto um sujeito fracote e infantil destrói o mundo. Ou, sabe, enquanto seus sapatos de boliche da sorte são desviados para Tampa.

Você deve lembrar minha dica de que criar um ruído incessante é um modo certeiro de se obrigar a agir. Assim, aqui estão algumas ideias para tirar a cabeça de dentro da areia e voltar ao jogo:

Defina um prazo. Dê-se, por exemplo, vinte minutos para fingir que isso não está acontecendo. Ajuste o alarme do relógio ou celular e quando ele tocar, comece a agir como um dos cães de Pavlov. Use o Serviço de Apoio!

Ou ligue para o Econo Lodge [rede de motéis] agora mesmo e peça para ser acordado às 7h. Depressa, antes de pensar mais no assunto. Enquanto isso, você pode passar as horas mergulhado em uma abençoada ignorância, mas quando o aparelho disparar, é a sua deixa de se mexer.

Converse consigo mesmo. Não confunda com soluçar incontrolavelmente ou gritar com os funcionários da companhia aérea; um mantra em baixo volume pode realizar maravilhas para sua atitude mental. Resista ao impulso de se fechar dentro de si mesmo e repita comigo (em voz alta): EU POSSO LIDAR COM ESSA MERDA. EU VOU LIDAR COM ESSA MERDA.

Bem, gostaria de dar uma olhada nisso? Talvez ainda haja alguma vida dentro de você. Você também quer tentar minha sugestão de "propor uma troca" ou simplesmente ir direto lidar com o problema?

Sabe de uma coisa? Acho que eu me daria bem com um pouco mais de motivação. Vá para a página **V**.

Estou totalmente pronto para lidar com essa merda! Vá para a página **E4**.

V

Você decidiu "propor uma troca".

Você sabe e eu sei que esta última merda não é a única coisa na sua lista de coisas-a-evitar atualmente. Então, que tal fazermos um acordo? Se você enfrentar a situação desagradável e se aproximar do agente do portão para iniciar o doloroso processo de FALAR COM OUTRO SER HUMANO na esperança de rastrear a mala e conseguir que a enviem para ao Econo Lodge em um prazo aceitável (para que você possa evitar ter que evitar OUTRAS ATIVIDADES EXTREMAMENTE ENERVANTES como "comprar novos sapatos de boliche"), então eu lhe dou permissão para *continuar* a evitar qualquer um dos seguintes:

Investigar aqueles ruídos de arranhões que vêm de trás da parede da cozinha.

Abrir aquele cartão de sua ex. Pode não ser um comunicado de nascimento. (Decididamente, é um comunicado de nascimento.)

Agendar um tratamento de canal.

RSVP ao concurso de Culinária de Steve cujo tema é Chili. (A famosa receita de Steve é menos "chilli' e mais "purê de salsicha" — argh!)

O que você diz? Discutir com o Serviço de Atendimento ao Cliente da Delta parece até agradável em comparação com essas outras tarefas, não é? Então, vamos lá — ponha um pé na frente do outro e vamos falar com o cara sobre a mala, está bem? (Então talvez quando você voltar dos Regionais, seja hora de desapontar Steve delicadamente enquanto você evita desfazer a dita mala.)

Mas não quero apressá-lo. Você gostaria de tentar "ficar alarmado" só para ver como é que é? Ou ir direto para lidar com a merda?

Se testar outro mecanismo de enfrentamento significa evitar lidar com a merda por mais algum tempo, ponha meu nome na lista. Muito justo. Vá para a página **U**.

Não, sabe o quê? Estou totalmente pronto para lidar com essa merda! Vá para a página **E4**.

Você decidiu não fazer absolutamente nada.

Motivo pelo qual você está se perguntando que raios deve fazer em Doylestown, Pensilvânia, durante quatro dias se você não pode competir nas Regionais porque não está com a mínima vontade de sair e comprar novos sapatos de boliche (e você certamente não quer usar *alugados* como um *amador* qualquer), mas você também não tem a flexibilidade de antecipar o voo de volta para casa.

Na verdade, provavelmente você nem está se perguntando nada disso... ainda. Você é o tipo que espera que o merdacão pare exatamente em cima da sua cabeça e derrame a enxurrada metafórica antes mesmo de você pensar em pegar um guarda--chuva metafórico.

Deixe-me dizer o que acho que vai acontecer. (Estou tentando com afinco não ser crítica, mas caminhamos um longo caminho juntos e detesto ver você voltar ao modo avestruz.) Acho que você vai adormecer nessa encaroçada cama de hotel e acordar amanhã com um celular mudo e sem escova de dentes. Eu *espero* que um desses resultados o obrigue a agir e, pelo menos, implorar por um mini frasco de antisséptico bucal na lojinha no saguão. Se eles venderem carregadores de celular, tanto melhor — você adora o caminho da menor resistência!

Mas este é o Econo Lodge, então não fique muito esperançoso. Se não tiverem, você vai continuar a evitar lidar com qualquer parte dessa grande merda e desperdiçar quatro dias comendo o melhor que as máquinas automáticas tiverem a oferecer antes que você possa ir para casa e continuar a fingir que nada aconteceu;

OU um de seus companheiros de equipe notará que você não respondeu suas mensagens idiotas, irá procurá-lo, lhe emprestará meias limpas e o arrastará para a loja de artigos de boliche. Talvez você seja inútil quando se trata de lidar com merda, mas você é uma máquina de strikes. A equipe precisa de você.

Não importa o que vai acontecer, você ainda não recuperou sua mala porque desistiu completamente dela, o que significa que seus sapatos da sorte, seus pijama favorito e o mascote do time (longa história) estão perdidos nas mesmas areias do tempo sob as quais você enterrou sua cabeça durante quatro dias. Você tem *certeza* de que não gostaria de ver o que tem do Outro Lado?

Pensando bem, sim. Estou interessado em "ficar alarmado". Vá para a página **U**.

Estou disposto a "propor uma troca". Vá para a página **V**.

Níveis de flexibilidade perigosamente baixos. Melhor simplesmente lidar já com a merda. Vá para a página **F4**.

Escolha Sua Aventura   **267**

Epílogo

Estou muito feliz por ver você chegar ao fim de *Calma aí, P*rra!*. Viva! Realmente espero que tenha se divertido escolhendo suas próprias aventuras, porque foi terrível organizar essa seção.

Também espero que tenha se munido de vários métodos práticos e viáveis com os quais se tornará uma versão mais calma e mais produtiva de si mesmo quando a merda acontecer.

Porque ela vai acontecer. *AH, VAI.* A merda acontecerá previsível e imprevisivelmente, sempre com o potencial de tirar seu dia, seu mês ou sua vida do rumo. Como, por exemplo, quando o primeiro esboço de seu livro deve ser entregue em uma semana e você quebra a mão em um gato.

Sim. Um *gato*.

Na verdade, este epílogo ia em uma direção totalmente diferente até o dia em que eu me vi agachada por cima de Mister Stussy — uma das minhas pequenas feras adotadas, afetuosa-

269

mente apelidado #trashcatsofavenidaitalia [#gatosviralatadaa-venidaitalia] no Instagram — pronta para surpreendê-lo com um papel-toalha encharcado com óleo de coco orgânico.

Ele tem uma dermatite grave. Eu só estava tentando ajudar.

Infelizmente, assim que me abaixei com as mãos estendidas, Mister Stussy pirou E, em vez de correr, como faz quando tento medicá-lo, ele se jogou em cima dos meus dedos esticados.

Craccc!

Desde aquele fatídico dia, pediram-me para explicar várias vezes — em inglês e espanhol — os princípios da física que permitem a um gato quebrar a mão de um ser humano. Eu mesma não sei se entendo, embora me dissessem que Mercúrio estava retrógrado, o que pode ter sido um fator importante. A melhor descrição que tenho do que aconteceu é que foi como se alguém tivesse jogado um tijolo grande e peludo com toda força, a curta distância e a um ângulo errado, e conseguiu atingir meu quinto metacarpo.

E, lembre-se, antes de conhecê-lo, Mister Stussy vinha sobrevivendo em meio ao lixo e poças de lama. O cara é um grande filho da mãe.

Fiquei momentaneamente atordoada pela dor e, então, pela profunda e visceral compreensão de que terminar este livro estava para se tornar muito mais difícil. Os dedos do lado esquerdo da minha mão, felizmente não dominante, estavam — acho que esse é o termo técnico — *foooooodidos.*

Quer saber como reagi?

Primeiro, eu disse ao meu marido: "Preciso me aborrecer com isso por um tempinho". Então, fui para o andar superior e gritei, de dor e desespero. Meus filhotes emocionais estavam no modo de luta. Então comecei a ficar um pouco ansiosa, e tomei uma ducha. Concentrar-me em me ensaboar e passar shampoo sem prejudicar ainda mais minha mão latejante foi uma boa distração e, quando terminei, não estava mais triste/ansiosa.

Eu estava *zangada*.

Sim, para aqueles que estão me acompanhando em casa, foi assim que meu "não fico zangada de verdade" foi interrompido. Por causa da porra de um GATO, com quem eu não fui nada além de GENTIL e SOLÍCITA, e que me retribuiu com VIOLÊNCIA e GATAGRESSÃO.

Durante o resto da noite eu andei pela casa resmungando: "Estou muito *zangada* com Mister Stussy", como Richard Gere quando ficou zangado com o pai em *Uma Linda Mulher*. Eu imaginei uma vingança arrasadora — pense o Desafio do Balde de Gelo ELA (Esclerose Lateral Amiotrófica) com óleo de coco — e isso me deu algum tempo e espaço para lembrar que Tim Stussert (como eu o chamo, às vezes) é só um gato vira-lata que não quer que esfreguem óleo de coco em suas crostas. Não foi culpa dele.

Ai-ai.

Ao avaliar minha situação percebi que, além de terminar de escrever este livro, eu tinha que organizar a festa de aniversário do meu marido no barco; fazer uma filmagem para Histórias do Instagram sobre a aquisição da Urban Outfitters; agendar um corte de cabelo *antes* de assumir o controle das Histórias do Instagram sobre a Urban Outfitters; e então fazer as malas para uma viagem de três semanas a três estados nos EUA.

Se você ligasse o cronômetro ao som do horrível *Craccc!*, eu precisava fazer tudo isso em 13 dias. Humm.

Nesse ponto, eu não sabia que minha mão estava quebrada. Imaginei que fosse uma distensão grave que não mereceria passar inúmeras horas no que chamam de "pronto-socorro" nesta cidade quando eu tinha tão pouco tempo para terminar meu trabalho. Como consequência imediata do ataque do gato, meu resultado ideal e, eu esperava, ainda realista era terminar o livro no prazo para ter seis dias de sobra para lidar com o resto de minha merda.

Então, engoli um monte de Advil e voltei ao trabalho.

Na semana seguinte, digitei desajeitadamente os últimos 5% do manuscrito com a mão direita (e 3/5 da esquerda) enquanto os dedos afetados ficavam aconchegados em uma tala caseira feita com uma atadura e duas lixas de unhas. Parecia um encontro do Capitão Gancho e o Gato do Teclado.

Havia uma voz ansiosa no fundo de minha mente perguntando, *E se você quebrou alguma coisa E se você se arrepender não ter cuidado isso imediatamente?* Claro que sim. Ela só perdeu para todos os outros merdacões à espera na lista.

(A propósito, detesto ser vista como promotora de atitudes displicentes em relação à saúde, portanto fique tranquilo, não sou nada além de uma grande covarde. Se a dor tivesse sido insuportável, eu teria pedido um adiamento ao meu editor e ido tirar um

272   Calma aí, P*ra!

raio X. Na época, em uma escala de relativamente indolor a insuportável, eu diria que era "chato".)

Pude ficar calma, animada e digitar (com a direita), e meu marido assumiu minhas tarefas. Perdi alguns jantares divertidos porque os últimos 5% do processo de escrita demoraram cinco vezes mais que o imaginado, e, quando tirava a atadura, o mindinho tinha a desconcertante tendência de entortar como James Brown no Live at the Apollo, mas no geral as coisas pareciam... ok.

Quando terminei o livro, decidi que podia passar uma tarde agradável na clínica. Foi então que descobri que era uma fratura, não uma distensão. Um ponto para Mister Stussy.

As seis semanas seguintes foram desafiadoras. (Você se lembra das malas para a viagem a três estados que eu tinha que fazer. Putz.) Mas ao longo do caminho, eu me acalmei e lidei com o problema. É quase como se escrever este livro nos últimos seis meses tivesse me preparado exatamente para esta situação — como uma espécie de droga de manifestação de O *Segredo*, de Rhonda Byrne, exceto pelo fato de que eu manifestei um merdacão em vez de riquezas incalculáveis.

Acho que é isso que mereço por ser uma antiguru.

Do lado positivo: quando o furacão chegou sem aviso, fiquei emocionalmente abalada, e então prendi os filhotes emocionais e mandei a ansiedade para aquele lugar. Planejei uma vingança contra quem me machucou e, assim, liberei minha agressividade de uma forma que não piorou nada. Avaliei a situação, identifiquei meu RIR e tenho feito triagens desde então.

Não quero assustá-lo, mas acho que descobri algo importante.

Você se lembra de quando eu disse na introdução que sempre tive dificuldades em "lidar com a situação" quando aparecia uma merda inesperada? Na verdade, leitores de *Get Your Shit Together* sabem que terminei de escrevê-lo em uma situação caótica — vínhamos vivendo como nômades durante meses e o Airbnb que alugamos exatamente quando eu estava pronta para a arrancada final do manuscrito mostrou ser mais um Insetobnb. Surtei em grande estilo e não me acalmei nem um pouquinho. (Também saquei grandes quantias do Quarto Fundo, tanto no Banco do Meu Marido e no dos Amigos Com Quem Fomos Morar Depois).

Acabei superando e deixando a situação para trás — eu sei como sair da merda, afinal —, mas não sem desperdiçar muito tempo, energia, dinheiro e boa vontade nesse processo.

Ao passo que, se saltarmos alguns anos à frente, no rastro de um merdacão muito mais prejudicial (e doloroso), parece que me tornei bastante capaz de lidar com os problemas sob pressão.

Quem diria!

Eu ainda não sou nenhuma Rhonda Byrne, mas vou lhe contar um segredinho: eu não passo todo esse tempo escrevendo Guias F* só por causa das merdas e dos risos, ou para ganhar dinheiro ou melhorar a sua vida (embora todas essas sejam justificativas válidas). Eu os escrevo porque cada livro, cada processo de escrita e cada hora que passo tagarelando sobre minhas ideias no podcast de alguém ME proporcionam a oportunidade de crescimento pessoal.

274   Calma aí, P*ra!

Ando surtando menos e dando um foda-se melhor, e, como resultado, sou muito mais feliz. Ao lhe ensinar como sair da merda, descobri novas maneiras de manter as minhas em ordem. E, santo inferno, foi *You Do You* exatamente o livro que eu precisava escrever para me curar de um monte de traumas e ressentimentos pouco saudáveis que nem sabia que carregava há 30 anos.

Mas devo dizer que, para mim, *Calma aí, P*rra!* vai entrar para a lista da profecia mais autorrealizada de todas. Sei como foi difícil lidar com o caos inesperado só alguns anos atrás, então eu também sei como é notável ter sido capaz de chegar até aqui treinando para me acalmar, porra, sobre ele. Sim, uma mudança para os trópicos e uma mudança intensa de paradigma cultural ajudou a dar partida na minha educação, mas eu a aceitei como um gato selvagem ataca um monte de lixo — e então escrevi um livro a respeito para que você possa dar a sua partida de um ponto muito mais razoável e perfumado.

Assim, minha última esperança é: se você internalizar todas as minhas dicas e técnicas para mudar de atitude, e implementar as lições que me esforcei para transmitir — você vai se dar conta de que a maioria da merda que acontece (mesmo não mandando cco para mais de 100 pessoas em um e-mail do trabalho) não precisa provocar um surto como pode ter parecido antes de ler este livro. E que você pode lidar com ela.

Isto é, este é o *meu* resultado realista para você, e faz com que me sinta muito bem.

Epílogo   **275**

CALMA AÍ, P*RRA

E
LIDE
COM A
MERDA.

Agradecimentos

Como editora durante muitos anos, sei como é raro e especial trabalhar com a mesma equipe, livro após livro após livro. Isso significa que todos estamos nos divertindo, usufruindo os frutos de nosso trabalho conjunto e que ninguém aceitou um emprego melhor em outro lugar. Assim, eu realmente espero não ter rogado uma praga ao dizer como sou grata pelo apoio de Jennifer Joel, da ICM Partners, Michael Szczerba, da Little, Brown, e Jane Sturrock, da Quercus Books desde o primeiro dia.

Jenn — minha heroína de salto alto, uma guerreira incansável e a mais calma de todos. Acho que ela nem precisa deste livro, mas tenho certeza de que precisei dela para fazê-lo acontecer. E foi o que ela fez.

Mike — o Alvin original do meu Simon e o Tom do meu Foolery. Ele cuidou desses livros como uma galinha cuida de seus pintinhos e os tornou melhor a cada bicada e cacarejo.

E Jane — incansavelmente ajudando a pilotar o navio para o outro lado do lago. Seu entusiasmo com o primeiro *No Fucks Given Guide* nos levou perto de um milhão de exemplares só no RU, sem mencionar a desculpa que é para eu me vangloriar.

Agradeço também aos *seus* respectivos aliados, incluindo Loni Drucker, Lindsay Samakow, e Nic Vivas na ICM; Ben Allen (editor de produção e santo), Reagan Arthur, Ira Boudah, Martha Bucci, Sabrina Callahan, Nicky Guerreiro, Lauren Harms, Lauren Hesse, Brandon Kelley, Nel Malikova, Laura Mamelok, Katharine Meyers, Barbara Perris (copidesque e santo), Jennifer Shaffer, e Craig Young da Little, Brown; e Olivia Allen, Charlotte Fry, Ana McLaughlin, Katie Sadler, e Hannah Winter da Quercus. Também: David Smith, o designer que forneceu todos as ilustrações das versões do RU para o meu novo site, paciente e rápido no desenho, duas qualidades que adoro em uma pessoa; Alana Kelly da Hachette Australia moveu montanhas e fusos horários para conseguir publicidade na Austrália e Nova Zelândia; meus amigos na Hachette Canadá me ajudaram a entrar na lista de best-sellers, um livro depois do outro; e, finalmente sou grata a Lisa Cahn, da Hachette Audio e TK at Audiomedia Production.

Naturalmente, o quarto NFGG nunca teria sido possível sem todos vocês que leram os volumes um, dois e/ou três. Um grande obrigada para meus leitores no mundo todo, além de todos que compraram um exemplar para dar a outra pessoa como um presente sincero ou passivo-agressivo. (Estou olhando para você, Sir Anthony Hopkins!) E obrigada às famílias disfuncionais, chefes terríveis, amigos só de horas boas e valentões da escola que formaram meu público desde o início Muito apreciado.

Por falar em início, também quero agradecer meus pais, Tom e Sandy Knnight. Eles nunca disseram que eu me acalmasse, porra, embora provavelmente o pensassem com *frequência*.

Mesmo quando o tema é se acalmar, escrever um livro é uma batalha. As pessoas a seguir fizeram sua parte para me tranquilizar nos momentos de necessidade: Pépito, Sir Steven Jay Catsby, Steinbeck, Millay, FatFace, Ferris Mewler, Mittens, Marcello, Benjamin, Steve Nash (Steve), The Matterhorn (Matty), Joni, Edgar, Misko, Hammie, Mushka, Dashiell, Moxie, Gladys e (relutantemente) Mister Stussy.

Mas devo dizer que ninguém, humano ou felino, fez mais para ajudar *Calma, aí P*rra!* a se tornar realidade do que meu marido, Judd Harris. Ele não só criou meu novo site — um empreendimento hercúleo — por causa de uma cliente super exigente — como fez meu café durante todo o processo e cuidou de minha mão quebrada e alma ferida no final, e estava lá durante os 19 anos que antecederam a elaboração deste livro, incluindo os melhor e piores trechos que o inspiraram. Ele é o meu preferido.

Índice

A

Aceitação, 100
AMEX, 218
ansiedade, 30–66
Ansiedade, 144
  crise de ansiedade, 3
Antiestresse, 215
Antiguru, 84–154
Atitude mental, 179, 263
Austin Powers, 257
Autoajuda, 23–26
Autocuidado, 112
Aventura, 212

B

Bar Mitzvah, 43
Batalha, 116
Benefício, 120

C

Calma, 109
Catastrofizar, 143
Cérebro, 111
Ciclo, 109
  ciclo interminável, 109

Concentração, 111–154

estado de alta concentração, 111
Conselhos, 107
Consertos Totais, 180, 186
Conserto Total, 200
Controle, 130–154
Converter fundos de surto, 134
Cristianismo, 85
Crítica, 108

D

Decisões, 14
Descartar preocupação irreal, 102
Descongestionamento mental, 60, 61, 114, 156, 177
Descongestionamento Mental, 59
Dinheiro, 150
Donald Trump, 262
Dr. Spock, 212

E

Efeitos colaterais, 42
Emoções, 81

Energia, 144
Eric Trump, 216
Estado de espírito, 4
Estresse, 148–154
Expectativas, 16

F

Face
de Ansiedade, 107
do Surto, 218
Faces do Surto, 101
FedEx, 226
filhoções, 198
Filhotes emocionais, 112, 162, 179, 188, 250
Flexível, 172
Foco, 105, 106, 165
Friends, 101
Fuga, 115, 213
Fundos de surto, 24, 49, 101, 114, 133, 142, 158, 177, 186, 236
Fundos de Surto, 227

G

gatos lógicos, 162
Gloria Estefan, 46
Google Maps, 247
Guru, 115–154

H

Hey cat. Hey, 251

I

Ignorância, 262–268
Indianápolis, 226
Iniciativa, 125–154
Instagram, 243
Insulto, 108
Islamismo, 85

J

Jack Nicholson, 37
Johnny Depp, 89

K

Kansas City, 218
Keith Richards, 89

L

Lógica, 22–26, 84
logigatos, 198
Logigatos, 75

M

Medo irracional, 127
Merda
que Ainda Não Aconteceu, 204
que já Aconteceu, 205

Merdacão, 116, 143, 124–154, 166, 266

Merdacões, 104, 156, 203

Merda que Já Aconteceu, 156

Método
de Não Preocupação, 60, 120, 177, 194
sem Preocupações, 12

Método de Não Preocupação, 101

Modo
Avestruz, 165, 232
Avestruz Total, 139

Modo Avestruz, 24

N

Nicki Minaj, 149

Nova York, 15, 127

Novo México, 127

O

Odisseia, 214

O Grande Lebowsky, 248

Orange Is the New Black, 145

Os Oito Odiados, 74

Outro Lado das Faces do Surto, 106

P

Pânico, 129

Pergunta que Decide Tudo, 24, 28, 102, 137

Pittsburgh, 224

P.O.P. (Problemas de Outras Pessoas), 214

Poupar fundos de surto, 134

Pragmatismo, 30

Pragmatismo prescritivo, 157

Prece da Serenidade, 11

Preocupação, 132

Preocupação Eficaz Útil e Produtiva, 145

Preocupação Eficaz Útil e Produtiva (PEUP), 119, 132

Preocupação Eficiente Produtiva Útil (PEPU), 24

Preocupação útil, 118

Prince, 8

Proativo, 161–210

Problemas, 68

Problemas de Outras Pessoas (P.O.P.), 107

Probômetro, 118, 122, 149, 162, 209

Q

Quarto Fundo, 159–210

R

Raciocínio lógico, 30

Raiva, 8

Índice **285**

Rashida, 235–268

Realidade, 9

Realismo, 30

Reativo, 161–210

Reconhecer o problema, 100

resultados ideais realistas (RIRs), 24

RIR, 162, 169, 176, 188, 197, 233, 273

RIRs (resultados ideais realistas), 157

Rivotril, 34

Robert Smith, 228

Ruído branco, 3

S

Saturday Night Live, 130–154

Saúde mental, 112

Seja flexível, 172

Sentimentos de impotência, 140

Síndrome do Aeroporto Mexicano, 42

Snickers, 234

Sofrimento, 112

Soluções, 125

Southwest, 228

Starbucks, 37

Star Trek, 212

Star Wars, 226

Steve Jobs, 160

Surtos, 130

Quatro Faces do Surto, 106–154

SWAT, 214

T

Tempo, 144

Terapeuta, 107

Terapia de exposição, 17

Trabalho de Recuperação, 166, 175, 200

Trabalhos de Recuperação, 180

Transtorno Mental, 129

Três Princípios para Lidar com o Problema, 156

Triagem, 186, 242, 260–268, 273

Triagem mental, 168

Triste, 135–154

Tristeza, 213–268

Truque
da mente, 105, 112
de prestidigitação, 105

Truques
da mente, 151, 159, 207

V

Vingança, 42, 115–154

Vitória, 117–154

Você
  Amanhã, 108
  Hoje à Noite, 108

W

Wikipédia, 73–154

X

Xanax, 129

Y

YouTuber, 85

Z

Zangado, 143

CONHEÇA OUTROS LIVROS DA ALTA BOOKS

Negócios - Nacionais - Comunicação - Guias de Viagem - Interesse Geral - Informática - Idiomas

  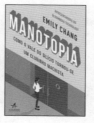 

Todas as imagens são meramente ilustrativas.

SEJA AUTOR DA ALTA BOOKS!

Envie a sua proposta para: autoria@altabooks.com.br

Visite também nosso site e nossas redes sociais para conhecer lançamentos e futuras publicações!
www.altabooks.com.br

/altabooks • /altabooks • /alta_books

ALTA BOOKS
EDITORA